Livre de scénarios sociaux

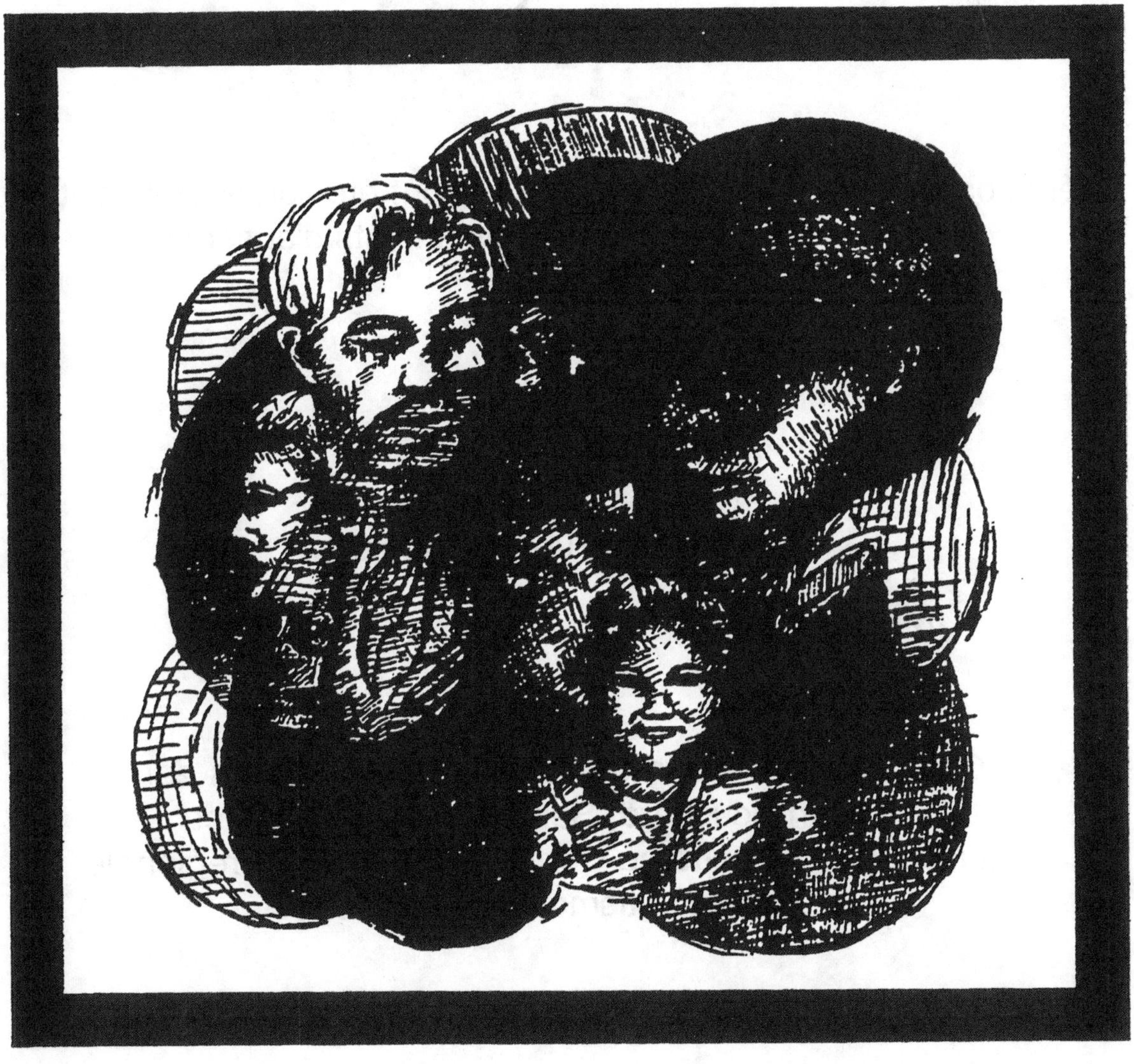

Les scénarios sociaux compris dans ce livre ont été soigneusement conçus pour les enfants et les adultes atteints d'autisme.

Livre de scénarios sociaux

Les scénarios sociaux compris dans ce livre ont été soigneusement conçus pour les enfants et les adultes atteints d'autisme.

Titre original
The Social Story Book
©Jenison Public Schools

Cet ouvrage a été traduit et adapté en français par
Christian Bouchard, Services linguistiques et
Ulla Hoff, psychologue au Centre de Ressource régionale
d'aide en autisme, Québec, 1996

Préface

Carol Gray

Les scénarios sociaux visent à fournir aux personnes autistes de l'information exacte sur les diverses situations dans lesquelles elles se retrouvent dans la vie courante. Plusieurs autistes semblent bénéficier de ce genre d'information écrite : leurs réactions dans diverses situations sociales s'en trouvent améliorées. Les scénarios sociaux ont aussi été utilisés avec succès dans l'enseignement de matières scolaires.

Cette méthode a vu le jour au début de l'année 1991, alors que j'observais un enfant autiste désorienté par le jeu que les enfants de sa classe apprenaient au cours d'éducation physique. J'ai écrit une scène qui décrivait les règles du jeu et les réponses des autres enfants à ces règles. L'enfant autiste a lu la scène une fois par jour, chaque jour de la semaine suivante. De retour au cours d'éducation physique la semaine suivante, l'enfant avait compris les règles et il pouvait prendre part au jeu et s'amuser. Les résultats étaient si concluants et si immédiats que d'autres scènes ont été écrites relativement à d'autres situations qui causaient des problèmes à cet enfant Ces scènes eurent le même heureux résultat. Comme la plupart des scènes portaient sur des situations à caractère fortement social, ou sur des situations ayant des répercussions sociales, nous les avons appelées « scénarios sociaux ».

Joy Garand, une enseignante de Cincinnati, Ohio, spécialisée en adaptation scolaire, a pris connaissance de cette méthode, quand je l'ai présentée au congrès annuel de ce même été à Indianapolis. L'utilisation massive qu'elle fit des scénarios sociaux au cours de l'année suivante contribua grandement à faire connaître cette méthode. Ayant obtenu de bons résultats, elle m'écrivit pour me faire part de ses expériences. Les scénarios sociaux qu'elle avait écrits ont largement contribué à faire intégrer ses élèves dans des classes régulières. Sa créativité, sa perspicacité, son expérience et son enthousiasme ont été déterminants dans la popularité que connurent, dès lors, l'utilisation des scénarios sociaux.

Au début de 1992, j'ai commencé à élaborer des directives pour la rédaction de scénarios sociaux, afin que d'autres intervenants puissent utiliser cette méthode efficacement. Joy Garand, ainsi que deux mères, Susan McDowell et Pat Wilson, respectivement d'Indianapolis et de Gary (Indiana), m'ont fait part de leurs commentaires à la suite de leurs expériences après avoir utilisé des scénarios sociaux. Leurs commentaires ont servi à élaborer des directives pour la rédaction de scénarios sociaux. Ces directives font l'objet de révisions et de mises à jour continuelles, qui tiennent compte des expériences rapportées par de nombreux parents et professionnels qui nous aident à étendre notre base d'expérience.

Les personnes qui composent des scénarios sociaux ont souvent signalé deux obstacles majeurs dans leur entreprise. Premièrement, ces personnes hésitaient à écrire leur premier scénario social de crainte de « faire quelque chose d'incorrect ». Deuxièmement, il fallait beaucoup de temps pour écrire ces scénarios. Bien que beaucoup d'entre elles aient reconnu que les scènes donnaient des résultats positifs, le large éventail de sujets pouvant être traités rendait cette méthode souvent exténuante, lourde et inefficace, particulièrement quand on tentait d'utiliser les scénarios sociaux sur une large échelle.

Pour remédier à ces difficultés, 250 élèves des programmes de psychologie et de sociologie de l'école secondaire Jenison ont reçu une formation en vue de la rédaction de scénarios sociaux. Ils ont acquis une compréhension de base du fonctionnement socio-cognitif des personnes autistes ainsi que des modèles et des conseils pour la rédaction de scénarios à l'intention de personnes autistes. Chaque élève a écrit un scénario social, à partir d'un sujet de son choix parmi tous ceux qui avaient été soumis par des parents et des professionnels de partout au pays. Cet effort collectif a produit 300 scénarios sociaux portant sur une multitude de sujets ; 208 de ces dernières se retrouvent dans ce Livre de scénarios sociaux.

Dans ce livre, les auteurs mettent en commun leur connaissance du monde qui entoure les personnes autistes. Nous souhaitons que ces scénarios vous aideront à obtenir de bons résultats.

Nous apprécierions que vous nous fassiez part de vos commentaires et de vos idées, à la suite de vos expériences avec cette méthode ; ils pourraient nous aider à améliorer les scénarios.

Table des matières

1. Les familles 1
2. Les familles de base 2
3. Un nouveau bébé dans ma famille 3
4. Comment être gentil avec les chiens 4
5. Être gentil avec les chiens 5
6. L'entretien des aquariums 6
7. Prendre un bain 7
8. Pas à pas — Prendre un bain 8
9. Quand je prends un bain 9
10. Me laver les cheveux 10
11. Essuyer mon corps 11
12. Me brosser les dents 12
13. Pas à pas — Me brosser les dents 14
14. Comment devrais-je me brosser les dents? 15
15. Comment je me brosse les dents 16
16. Comment brosser mes dents 17
17. Pourquoi et comment me brosser les dents? 18
18. Me brosser les cheveux 19
19. L'usage de la salle de bain 20
20. Choisir les bons vêtements 21
21. S'habiller 22
22. Comment s'habiller 23
23. Mettre et attacher des souliers 24
24. Le chapeau 25
25. Porter des mitaines 26
26. Sandwich au beurre d'arachide et à la gelée 27
27. Manger des biscuits 28
28. Faire cuire un gâteau 29
29. Utiliser les ustensiles 31
30. Mâcher la bouche fermée 32
31. Demander de l'aide quand je lave la vaisselle 33
32. Laver la vaisselle 34
33. Faire la vaisselle 35
34. Descendre l'escalier 36
35. Répondre au téléphone 37
36. Je ne touche pas au thermostat 38
37. Nettoyer ma chambre 39
38. Ma chambre 40
39. Comment choisir les jouets 41
40. Aider aux corvées 42
41. Comment plier les serviettes et aider à faire le lavage 43
42. Racler les feuilles 45
43. Comment jouer avec Barbie 46

44.	Personnages de dessins animés et acteurs	47
45.	Les Tortues Ninjas ne sont pas réelles	48
46.	Autres choses que je peux faire en plus de jouer au Nintendo	49
47.	Jouer à se déguiser	50
48.	Jouer avec des poupées	51
49.	Un jeu appelé « Sorry »	52
50.	Le changement d'horaire à la télévision	53
51.	Comment se préparer pour aller se coucher	54
52.	Aller se coucher	55
53.	C'est l'heure d'aller se coucher	56
54.	Rester au lit	57
55.	Tout sur les orages	58
56.	Les orages	59
57.	Les parents vont en ville	60
58.	Les gardiennes	61
59.	Pourquoi nous avons besoin de gardiennes	62
60.	L'Halloween	63
61.	La citrouille d'Halloween	64
62.	Découper une citrouille	65
63.	Jouer à attraper des pommes avec sa bouche	66
64.	Ma liste de cadeaux de Noël	67
65.	Quoi acheter aux gens pour Noël	68
66.	Les cadeaux que donnent les gens	69
67.	Mettre les boules dans l'arbre de Noël	70
68.	S'asseoir sur les genoux du Père Noël	71
69.	Aller voir le Père Noël	72
70.	Fabriquer un Valentin	73
71.	Tout sur les fêtes d'anniversaire	74
72.	Je vais à une fête d'anniversaire	75
73.	Le matin	76
74.	Dans l'autobus	78
75.	Les informations du matin	79
76.	Apporter de l'argent à l'école	80
77.	Les enseignants	81
78.	Se préparer à recevoir un conférencier en classe	82
79.	Écouter les conférenciers	83
80.	Une écriture soignée	84
81.	Prêter un crayon	85
82.	Faire des fautes	86
83.	Les tests	87
84.	Se faire raconter une histoire	88
85.	Se faire raconter des histoires	89
86.	Les devoirs	90
87.	Jouer avec des enfants différents	91
88.	La récréation à l'intérieur	92
89.	Les terrains de jeux	93
90.	Le terrain de jeux	94

#	Title	Page
91.	Jouer au basketball	95
92.	La balle-molle	96
93.	Comment jouer au soccer	98
94.	Comment courir une course à relais	99
95.	Jouer à la cachette	100
96.	Jouer à la tag	101
97.	Le hockey	102
98.	Faire la file	103
99.	Changer la routine	104
100.	Dîner à l'école	106
101.	Manger sa propre nourriture au dîner	107
102.	Maintenant je vais manger	108
103.	Après le dîner, je vide mon plateau	110
104.	Sac à lunch	111
105.	Aller aux endroits différents de l'école	112
106.	Aller à la bibliothèque de l'école	113
107.	Aller à la bibliothèque	114
108.	L'exercice de feu	115
109.	Une fête à l'école	117
110.	La photographie d'école	118
111.	La photo d'école	119
112.	Les examens d'audition et de la vue à l'école	120
113.	Commencer la journée	121
114.	La maternelle	122
115.	La maternelle : la période de rangement	123
116.	Être un nouvel élève	124
117.	Mon casier	125
118.	De quoi parler avant le début de la classe	126
119.	Rencontrer quelqu'un dans le corridor	127
120.	Marcher et parler	128
121.	Dîner avec mon moniteur	129
122.	Quand je vais dîner	130
123.	Aller à la bibliothèque de l'école	131
124.	Les devoirs	132
125.	Le football	133
126.	Quand mon frère va au collège	134
127.	Se balader en voiture	136
128.	Rendre une promenade en voiture plus amusante	137
129.	Faire un long voyage en voiture	138
130.	Aller en voyage	139
131.	Voyager en autobus	140
132.	Prendre l'autobus de la ville	141
133.	Faire la file	142
134.	Descendre l'escalier	143
135.	Prendre l'escalier roulant	145
136.	Les escaliers roulants	146
137.	Comment prendre l'ascenseur	147

#		Page
138.	Traverser la rue	148
139.	À l'église	149
140.	Aller à la bibliothèque	150
141.	Une visite à la bibliothèque	151
142.	Une lettre prête à envoyer	152
143.	Aller au bureau de poste	154
144.	Poster une lettre ou une carte	155
145.	Me faire couper les cheveux	156
146.	Chez le barbier	157
147.	Chez le dentiste	158
148.	Une visite chez le dentiste	159
149.	Une visite chez le dentiste	160
150.	Aller chez le médecin	161
151.	Quand je suis malade	162
152.	Magasiner à l'épicerie	163
153.	Aller à l'épicerie	164
154.	Le bon moment pour manger à l'épicerie	165
155.	Je fais mon marché seul	166
156.	Distributrices de boules de gomme	167
157.	J'achète des vêtements dans un grand magasin	168
158.	Je vais au centre d'achat	179
159.	Pourquoi certains magasins sont-ils fermés le dimanche ?	170
160.	Je vais au McDonald's	171
161.	Je mange au Burger King	172
162.	Chez Valentine	173
163.	J'utilise une machine distributrice d'aliments	174
164.	Je vais au cinéma	175
165.	Je vais voir un film	176
166.	Le cinéma	177
167.	Le cinéma	178
168.	Une visite au cinéma	179
169.	Aller au zoo	180
170.	Une visite au musée	181
171.	Les quilles	183
172.	Conseils pour jouer aux quilles	184
173.	Les quilles	185
174.	Comment jouer au mini-putt	186
175.	Le mini-putt	187
176.	Aller nager	188
177.	Aller à la plage	189
178.	Une journée à la plage	190
179.	Une excursion au parc	192
180.	Partir en pique-nique	193
181.	Aller en traîneau	194
182.	Glisser en traîneau	195
183.	Aller à Disney World	196
184.	Au parc Sea World	197

#	Titre	Page
185.	Rencontrer un nouvel employeur	198
186.	Premier jour de travail	199
187.	La pause au travail	200
188.	Les amis	201
189.	Quand un ami sonne à ma porte	202
190.	Quand des amis arrivent chez moi	203
191.	Comment demander à quelqu'un pour jouer	204
192.	Comment devenir l'ami de quelqu'un	205
193.	Respecter les choses des autres	206
194.	Attendre son tour	207
195.	Les façons de saluer les gens	208
196.	Cinq façons d'aborder les gens	209
197.	Cinq manières de saluer quelqu'un	210
198.	Dire « Merci » quand on reçoit un cadeau	211
199.	Dire des choses gentilles	212
200.	Écouter	213
201.	Poser une question	214
202.	La colère	215
203.	Écrire un scénario social	216
204.	Les façons de montrer aux autres qu'on les aime	217
205.	Pourquoi et comment je montre aux autres que je les aime	218
206.	Quand et pourquoi les gens disent « Je t'aime »	219
207.	Pourquoi et comment on serre quelqu'un dans ses bras	220
208.	Pourquoi et comment les personnes se serrent dans leurs bras	221

Les familles

Amy Lindrup

Tout le monde a une famille. Chaque famille est très différente.

Certaines personnes ont de grosses familles qui comptent plusieurs enfants.

D'autres familles n'ont qu'une mère, un père et un enfant.

Dans certaines familles, il n'y a qu'une mère. Dans d'autres familles, il n'y a qu'un père.

D'autres personnes ont même des familles où les grands-parents, les tantes et les oncles vivent avec elles.

La plupart des familles ont une mère, un père et quelques enfants.

Il n'existe pas deux familles exactement pareilles sauf que dans toutes les familles tout le monde s'aime.

Les familles de base
Sarah Cain

Les familles sont des groupes de personnes qui vivent avec vous.

La plupart des familles se composent d'un père, d'une mère, de frères ou de soeurs, ou les deux.

Les familles sont des groupes où l'on discute et où l'on établit des règles.

La discipline est essentielle à l'unité de la famille.

La discipline démontre que les pères et mères prennent soin de leur famille et l'aiment.

Certaines familles sont limitées à seulement une mère ou seulement un père.

Dans un cas comme dans l'autre, être membre d'une famille est très important.

Je me plais dans ma famille et je l'aime.

Un nouveau bébé dans ma famille

Erika Broek

Papa et maman pourraient décider d'avoir un autre bébé. Dans ce cas, je devrai apprendre à devenir un grand frère ou une grande soeur.

Certains de mes amis ont de jeunes frères et soeurs. Ce sera peut-être du travail parce que je devrai aider maman et papa avec le bébé.

Ce sera peut-être aussi amusant. Je montrerai au bébé des choses que je sais déjà.

J'aiderai le bébé à manger. Je bercerai aussi le bébé pour qu'il s'endorme.

Quand le bébé sera plus vieux, je pourrai l'aider à apprendre à marcher.

Mon frère ou ma soeur et moi seront peut-être de bons amis. Nous aurons du plaisir ensemble.

Maman et papa devront être attentifs au nouveau bébé. C'est pourquoi un nouveau bébé demande beaucoup de soins. Par exemple, si vous ne changez pas la couche du bébé, le bébé se sentira très inconfortable et le bébé sentira mauvais.

Maman et papa aimeront le nouveau bébé. Maman et papa m'aiment aussi.

Je peux apprendre à aider le nouveau bébé. Je peux dire au nouveau bébé, « Je t'aime ».

Comment être gentil avec les chiens

Melissa Randall

Je peux être gentil avec les chiens.

Je peux toucher les chiens en ayant la permission. Je les touche gentiment.

Je peux caresser les chiens. Je les caresse gentiment en ayant la permission.

Les chiens aiment que je sois gentil avec eux.

Être gentil avec les chiens

Anne Dorn

La plupart des chiens aiment les gens.

Quand je joue avec notre chien, j'essaie de jouer gentiment.

Je caresserai notre chien doucement.

Je peux toucher notre chien gentiment.

Maman est contente quand je suis gentil avec notre chien.

Je peux jouer gentiment avec notre chien.

C'est ainsi que je montre à mon chien que je l'aime.

L'entretien des aquariums

Jeff Bentall

Les poissons sont gardés dans des aquariums.

Il existe plusieurs formats et plusieurs styles d'aquariums. Certains aquariums sont petits et d'autres sont très gros. Certains aquariums sont ronds, d'autres sont carrés. Les aquariums peuvent contenir un grand nombre de poissons ou très peu de poissons.

Habituellement, les gens aiment regarder nager les poissons dans leur aquarium.

Les aquariums doivent être nettoyés aussi souvent que possible ou lorsqu'ils sont sales.

Quand je nettoie un aquarium, je dois faire attention et me faire aider par quelqu'un d'autre.

Avant de commencer, je prépare un autre plat avec de l'eau pour y mettre les poissons.

Je sors les poissons de l'aquarium et je les dépose dans le plat d'eau. Je peux avoir besoin d'aide.

Je change la vieille eau de l'aquarium par de l'eau propre pour que les poissons se sentent heureux. Je demande à la personne qui m'aide de changer avec moi l'eau de l'aquarium.

Ensuite, je remets les poissons dans l'aquarium et je nourris les poissons.

Je m'assure que les poissons sont nourris chaque jour et que leur aquarium est propre.

Prendre un bain
Beth Cigler

Je partage la salle de bain avec ma famille.

Quelquefois, quand je suis sale, je prends un bain.

J'apporte avec moi dans la salle de bain les vêtements que je porterai après mon bain.

Habituellement, la baignoire est froide. Je la remplis donc d'eau chaude.

Lorsque la baignoire est remplie à moitié, je ferme le robinet.

Parfois, je joue avec des jouets dans la baignoire.

Je me lave tout le corps avec de l'eau et du savon. Je me sers d'un linge propre pour me laver le corps.

Parfois, je me lave les cheveux. J'utilise du shampooing pour me laver les cheveux.

Quand j'ai fini mon bain, je vide la baignoire.

Je m'essuie avec une serviette.

Je suspends la serviette sur le porte-serviettes pour qu'elle sèche.

Je m'habille avec mes vêtements.

Pas à pas - Prendre un bain

Jennifer Levendosky

J'ouvre le robinet.

Je laisse la baignoire se remplir à moitié.

Je ferme le robinet.

J'enlève mes vêtements.

J'entre dans le bain.

Je m'assois.

Je mets du savon sur la débarbouillette.

Je passe la débarbouillette sur tout mon corps.

Je rince le savon sur mon corps.

Je mets du shampooing dans mes cheveux.

Je frictionne bien mes cheveux.

Je rince le shampooing dans mes cheveux.

Je me lève.

Je sors du bain.

Je m'essuie avec la serviette.

Je m'habille.

Je vide l'eau du bain.

Je ramasse tous mes vêtements sales et je suspends ma serviette et ma débarbouillette.

Quand je prends un bain

Michelle Elsbrie

Je peux aimer ou je peux ne pas aimer prendre un bain. Ma mère et mon père aiment que je prenne un bain. Je dois prendre régulièrement des bains pour rester propre. Je peux peut-être aimer jouer dans les bulles quand je prends un bain.

Je dois enlever tous mes vêtements avant d'entrer dans la baignoire.

Je peux apporter quelques jouets dans la baignoire pour jouer.

Une fois le robinet ouvert, j'entre dans la baignoire.

J'utilise du shampooing pour me laver la tête. J'utilise aussi du savon pour laver mon corps.

Ensuite je me rince et je sors lentement de la baignoire.

Je vais sur le tapis de bain.

Je me sers d'une serviette pour m'essuyer.

Lorsque je me suis essuyé, je mets mes vêtements.

Me laver les cheveux
Laura Twedt

Je vais dans la salle de bain pour me laver les cheveux.

Avant de me laver les cheveux, je prends une serviette et du shampooing et je les place sur l'évier l'un près de l'autre afin de pouvoir les atteindre.

J'ouvre le robinet de l'évier.

Avant de me laver les cheveux, j'enlève mon t-shirt pour ne pas le mouiller.

Je place ma tête sous le robinet et je mouille mes cheveux.

Quand mes cheveux sont mouillés, je mets un peu de shampooing dans ma main et je frotte mes doigts ensemble.

J'étends le shampooing dans mes cheveux et je frictionne mes cheveux avec mes doigts.

Quand je frictionne mes cheveux avec le shampooing, cela fait beaucoup de bulles.

Ensuite je place mes cheveux sous le robinet pour rincer tout le savon.

Je passe ma main dans mes cheveux pour être certain que tout le shampooing est disparu. S'il reste encore du shampooing, je rince encore mes cheveux.

Je ferme le robinet et j'essuie mes cheveux avec une serviette pour y enlever toute l'eau.

Je fais sécher mes cheveux avec un séchoir et je peigne mes cheveux afin qu'ils paraissent bien.

Ma famille est très contente de moi quand je me lave les cheveux seul.

Essuyer mon corps
Sarah Chester

Après être allé prendre ma douche, je prends une serviette

Je prends la serviette et je m'essuie les cheveux.

Ensuite, je m'essuie le visage et le cou. Je m'essuie aussi l'arrière du cou.

Je m'essuie les bras, le devant du corps et le dos.

Je m'essuie la poitrine et l'estomac.

Je m'essuie le dos et les fesses.

Je m'essuie les jambes. Je me souviens toujours de m'essuyer le derrière des jambes.

Enfin, je m'essuie les pieds et les mains.

Parfois, j'essuie mon corps dans un ordre différent.

Parfois, je commence par mes pieds et je termine par mes cheveux.

Me brosser les dents
Laura Nunn

Peu de temps après m'être levé le matin, j'ai besoin de me brosser les dents.

Si je prévois déjeuner, il serait mieux de me brosser les dents après avoir mangé.

Il est important de me laver les dents parce que cela les garde propres et combat la mauvaise haleine.

Pour me brosser les dents, j'aurai besoin de ma brosse à dent et de ma pâte à dent.

Certaines personnes utilisent aussi du rince-bouche après s'être brossé les dents.

Si je remplace la brosse à dent et la pâte à dent que j'utilise régulièrement, c'est correct. C'est probablement parce que ma vieille brosse à dent est sale ou perdue.

Lorsque je me brosse les dents, je mets d'abord de la pâte à dent sur les soies de la brosse à dent.

Ensuite, j'ouvre le robinet.

Je passe ma brosse à dent sous l'eau jusqu'à ce que la brosse et la pâte à dent soient humides.

Je peux soit fermer l'eau du robinet, soit la laisser couler.

Je suis prêt à me brosser les dents.

Je mets les soies de la brosse à dent sur le devant de mes dents.

Je brosse de haut en bas et dans un mouvement circulaire, avec une légère pression sur la brosse à dent.

Je m'assure de brosser toutes mes dents, non seulement celles en avant.

Une fois que j'ai terminé de me brosser les dents, j'enlève la brosse à dent de ma bouche.

Si j'ai fermé le robinet, je l'ouvre à nouveau.

J'enlève la pâte à dent de sur ma brosse à dent en la rinçant.

Je dépose ma brosse à dent et je mets de l'eau dans un verre.

Je mets de l'eau dans ma bouche et je me rince l'intérieur de la bouche.

Après m'être rincé la bouche pendant quelques secondes, je crache l'eau dans l'évier.

Si j'ai encore beaucoup de pâte à dent dans ma bouche, j'ajoute encore un peu d'eau dans ma bouche et je rince à nouveau.

Je ferme le robinet.

Après avoir craché toute l'eau de ma bouche, je m'essuie la bouche avec une serviette.

Je vide dans l'évier l'eau qui reste dans le verre.

Si j'ai du rince-bouche, j'en mets un petit peu dans un verre.

Je mets un peu de rince-bouche du verre dans ma bouche et je rince l'intérieur de ma bouche pendant 10 secondes environ.

Pendant que je me rince l'intérieur de la bouche, je vide le rince-bouche dans l'évier.

Je rince le verre avec de l'eau.

Je me suis maintenant brossé les dents.

Je m'aide à garder mes dents propres et à avoir une haleine fraîche.

Pas à pas - Me brosser les dents

Brad Vannoy

Quand je me brosse les dents, je suis habituellement dans la salle de bain. J'ai avec moi ma brosse à dent et ma pâte à dent. Je devrais me brosser les dents après avoir mangé. Je mange habituellement trois fois par jour.

Je prends ma brosse à dent. Ma brosse à dent peut avoir toutes sortes de couleurs et de formats. Habituellement, je ne laisse personne d'autre utiliser ma brosse à dent.

Je prends la pâte à dent. Quand je tiens le tube de pâte à dent, j'enlève le capuchon et j'appuie pour faire sortir la pâte à dent. Je veux mettre de la pâte à dent sur la brosse à dent.

Je mets de la pâte à dent sur les soies de la brosse. Habituellement, j'en mets un peu seulement. J'essaie de ne pas en répandre partout autour de l'évier. Je remets le capuchon sur le tube de pâte à dent. Je mets la brosse à dent dans ma bouche. Je lave toutes mes dents en les brossant avec un mouvement de va et vient.

Lorsque j'ai terminé, je crache la pâte à dent. J'évite de ne pas avaler la pâte à dent. Habituellement, cela n'a pas très bon goût.

J'enlève la brosse à dent de ma bouche, j'ouvre le robinet et je rince ma brosse à dent. Je remets la brosse à dent où je l'ai prise. Si je le veux, je peux prendre un verre d'eau. C'est amusant de me brosser les dents parce que mes dents sont plus lisses après les avoir brossées.

Comment devrais-je me brosser les dents ?
Jen Sawicki

La première chose à faire est de prendre votre brosse à dent et votre pâte à dent.

Ensuite, vous devez enlever le capuchon du tube de pâte à dent et mettre un peu de pâte à dent sur le bout de la brosse à dent.

Certaines personnes mouillent leur brosse à dent avant d'y mettre la pâte à dent, d'autres la mouillent après.

Maintenant, brossez tout autour de vos dents. Quand vous avez fini de brosser vos dents, crachez la pâte à dent dans l'évier et rincez votre brosse à dent.

Prenez une petite gorgée d'eau et rincez l'intérieur de votre bouche. Ensuite, crachez l'eau dans l'évier.

Maintenant vous avez des dents propres.

Comment je me brosse les dents

Dori Mendels

Après m'être levé le matin, c'est une bonne idée de me brosser les dents.

Ce n'est pas grave d'oublier de me brosser les dents pour une journée, mais je dois les brosser davantage le jour suivant.

Pour commencer, je prends ma brosse à dent. Elle peut être bleue, jaune ou de n'importe quelle autre couleur. Je la mouille.

Je dépose la brosse à dent et je prends la pâte à dent.

J'enlève le capuchon.

Je prends ma brosse à dent et je dépose doucement de la pâte à dent sur les soies de la brosse à dent jusqu'à ce qu'elles en soient couvertes. Ce n'est pas grave si les soies ne sont pas complètement couvertes de pâte à dent.

Je mets la brosse à dent dans ma bouche. Ma pâte à dent peut goûter la menthe, la cannelle ou même la gomme baloune.

Je brosse doucement mes dents en faisant de petits cercles.

Après m'être brossé toutes les dents, j'enlève la brosse à dent de ma bouche et je crache l'excédent de pâte à dent dans l'évier.

Je prends une gorgée d'eau et je rince ce qui reste de pâte à dent sur mes dents. Ce n'est pas grave si je bave pendant que je me brosse les dents, je n'ai qu'à m'essuyer la bouche avec une serviette.

Mes dents sont maintenant blanches et propres.

Comment brosser mes dents

Scott Vetter

Les gens se brossent les dents pour les garder belles et saines.

Je prends ma brosse à dents et je mouille les soies avec de l'eau.

J'utilise de la pâte à dent pour me nettoyer les dents.

J'enlève le capuchon du tube de pâte à dent.

Je tiens l'ouverture du tube de pâte à dent au-dessus des soies de la brosse.

J'appuie sur le tube pour faire sortir la pâte à dent.

Je remets le capuchon sur le tube.

J'utilise ma brosse à dent pour frotter mes dents avec la pâte à dent. La pâte à dent peut avoir un goût de menthe.

Je nettoie toutes les dents de ma bouche.

Quand j'ai fini de me laver les dents, je crache la pâte à dent dans l'évier.

Je rince les soies de la brosse à dent. Je m'assure d'avoir bien enlevé toute la pâte à dent.

Je mets de l'eau dans ma bouche.

Je rince tout l'intérieur de ma bouche.

Je crache l'eau dans l'évier.

J'utilise une serviette pour essuyer la pâte à dent de mon visage.

Pourquoi et comment me brosser les dents ?

Kevin Leeman

Les dents sont très importantes.

Sans les dents, mâcher la nourriture est très difficile.

Me brosser les dents est très important.

Me brosser les dents les garde propres et saines.

J'enlève le capuchon du tube de pâte à dent.

Je mets de la pâte à dent sur les soies de la brosse à dent.

Je mets la brosse à dent dans ma bouche.

Je fais aller doucement les soies sur le devant de mes dents.

Je brosse le haut et le bas, l'intérieur et l'extérieur de chaque dent.

Je me rince la bouche et je rince la brosse.

Me brosser les cheveux
Ross Schueller

Quand je veux me brosser les cheveux, j'ai besoin d'une brosse ou d'un peigne. Les peignes et les brosses ont des formats différents et ont des apparences très différentes les uns des autres.

J'utilise la brosse ou le peigne pour les passer dans mes cheveux. Si je veux donner une certaine apparence à mes cheveux, je devrai peut-être utiliser du fixatif.

Le fixatif est comme de la colle dans mes cheveux. Il s'en ira la prochaine fois que je me laverai la tête. Il gardera mes cheveux en place pour leur donner une belle apparence.

Le meilleur moment pour me brosser les cheveux est après m'être complètement habillé.

Beaucoup de personnes aiment se brosser les cheveux avant d'aller à l'école parce qu'elles ont l'air soigné quand elles arrivent à l'école. Je peux me brosser les cheveux juste avant d'aller à l'école. Je peux me brosser les cheveux avant d'aller à l'église ou à n'importe quel moment où je désire soigner mon apparence.

L'usage de la salle de bain
Jen VanderGiessen

Quand nous mangeons ou buvons, notre corps a besoin de se débarrasser des déchets qu'il produit.

Nous nous débarrassons de ces déchets par l'urine. L'urine est un liquide jaune. Parfois, nous avons des selles.

Nous nous débarrassons des déchets du corps en utilisant les toilettes.

Les filles s'assoient sur les toilettes. Les garçons quelquefois restent debout, quelquefois s'assoient.

C'est correct d'utiliser les toilettes.

Choisir les bons vêtements

Melissa Berends

Je vais dans mon garde-robe choisir un ensemble à porter. Je décide quoi porter en fonction de la température.

L'hiver, il fait froid dehors. Je porte une chemise à manches longues, un chandail ou un sweat-shirt pour me garder au chaud. Je porte aussi une paire de pantalons ou une jupe.

L'été, il fait chaud dehors. Je porte une chemise à manches courtes pour me garder au frais. Je porte aussi une paire de pantalons courts ou une jupe. Parfois, je porte une paire de pantalons longs.

Mes parents sont heureux lorsque je choisis un ensemble de vêtements qui convient avec la température. Ils savent que je peux faire ce choix moi-même.

S'habiller
Chris Fleck

Je dois m'habiller presque tous les jours.

Tout d'abord, je mets des sous-vêtements propres.

Je mets ma chemise.

Si je mets une chemise avec des boutons, je les attache après avoir mis ma chemise.

Ensuite, je mets mon pantalon. Je mets mes jambes dans le pantalon et je lève le pantalon jusqu'à mes hanches.

J'entre ma chemise dans le pantalon et je le boutonne. Ensuite, je monte ma fermeture éclair.

Après avoir mis mon pantalon et ma chemise, je mettrai mes bas et mes souliers.

Je mets mes bas sur mes pieds nus.

Ensuite, je mets mes souliers par-dessus mes bas.

J'ai différents vêtements pour différentes températures.

Quand il fait froid dehors, je porte des vêtements chauds. Lorsqu'il fait chaud, je porte des vêtements frais.

Parfois, je porte des vêtements chics.

Comment s'habiller

Kristi Veenstra

Presque tous les matins je devrai m'habiller.

Quand je sors du lit, je décide ce que je vais porter.

Je prends les vêtements que je vais porter dans mon garde-robe et je les dépose sur mon lit.

J'enlève mon pyjama. Je mets des sous-vêtements propres. Je mets des bas propres.

Je mets mon pantalon. Je mets ma chemise. Ce n'est pas important de mettre le pantalon ou la chemise en premier. Ensuite je boutonne ma chemise et je la rentre dans mon pantalon. Je monte la fermeture éclair et je boutonne mon pantalon.

Ensuite, je suis prêt à mettre mes souliers.

D'abord, je m'assure de mettre le bon pied dans le bon soulier. Ensuite je les attache.

Je regarde s'il fait froid dehors. S'il fait froid, je mets mon manteau.

Quand maman ou papa me dit que c'est correct, je suis prêt à sortir.

Mettre et attacher des souliers

Sarah Cain

Je mets des bas sur mes pieds. Les bas gardent mes pieds au chaud. Ils empêchent aussi de me blesser les pieds.

Je défais les lacets de mes souliers, ainsi je peux mettre mon pied dans mon soulier.

Je mets un pied dans le soulier.

Je tire les deux lacets ensemble jusqu'à ce qu'ils soient à peu près égaux.

Je croise les lacets en posant une ficelle par-dessus l'autre.

Je serre les lacets jusqu'à ce qu'ils touchent le soulier.

Je fais une boucle avec un lacet et je la tiens dans une main. Je prends l'autre lacet avec mon autre main et je l'entoure sous la boucle. Je plie ce lacet et je tire dessus jusqu'à ce qu'il forme un noeud.

Quand j'ai terminé, cela devrait ressembler à un noeud.

Je fais la même chose avec l'autre soulier.

Si j'ai besoin d'aide, je le fais savoir à quelqu'un.

Le chapeau
Mike Burton

Quand il fait froid le matin, je mets mon chapeau.

Je pars pour l'école avec mon chapeau sur ma tête.

Le chapeau garde ma tête au chaud.

J'enlève mon chapeau quand j'arrive à l'école.

S'il fait froid quand je quitte l'école, je mets mon chapeau sur ma tête.

Quand j'arrive à la maison, j'enlève mon chapeau.

Porter des mitaines
Tracy DeKorte

J'ai besoin de porter des mitaines.

Je porte des mitaines dehors quand arrive l'hiver.

Les mitaines peuvent être de différentes couleurs. Les mitaines peuvent être rouges, bleues, et de toutes sortes d'autres couleurs.

Je mets des mitaines quand je vais jouer dehors dans la neige.

Les mitaines gardent mes mains sèches et au chaud.

Je porte aussi un chapeau, un manteau, des bottes et d'autres choses qui me gardent au chaud.

Ma mère et mon père sont très fiers de moi quand je porte des mitaines.

Sandwich au beurre d'arachide et à la gelée   26

Kelly Reagan

Pour faire un sandwich au beurre d'arachide et à la gelée j'ai besoin de beurre d'arachide, de gelée et de pain.

J'utilise deux tranches de pain. Je me sers d'un couteau pour étendre le beurre d'arachide sur une tranche de pain.

Je mets de la gelée sur le couteau. J'étends la gelée sur une tranche de pain.

J'ai maintenant une tranche de pain avec du beurre d'arachide et une autre tranche de pain avec de la gelée.

Je mets ensemble la tranche de pain avec du beurre d'arachide et la tranche de pain avec de la gelée. J'ai maintenant terminé de faire mon sandwich au beurre d'arachide et à la gelée.

Manger des biscuits

Michelle Moekler

Les biscuits sont amusants à manger.

Il existe plusieurs sortes de biscuits.

Certaines personnes aiment manger autour des brisures de chocolat dans les biscuits aux brisures de chocolat.

Certaines personnes aiment manger leurs biscuits lentement.

Certaines personnes aiment manger leurs biscuits très rapidement.

Chacun est différent et aime manger ses biscuits à sa façon.

C'est bien de manger des biscuits à sa façon.

Je mange mes biscuits à ma façon et c'est bien que les autres mangent leurs biscuits différemment.

Faire cuire un gâteau
Jill Steenbergen

Parfois, ma mère me laisse l'aider à faire cuire un gâteau. Nous faisons cuire le gâteau dans la cuisine.

D'abord, ma mère fait chauffer le four pour qu'il soit chaud quand nous y mettrons le mélange à gâteau.

Quand maman fait chauffer le four, je ne touche pas au four parce qu'il est chaud. Si je touche au four, je me brûlerai et cela attristera maman.

Maman me dit quels ingrédients sortir et je l'aide à sortir les ingrédients. Les ingrédients peuvent être dans une armoire, dans le réfrigérateur ou à d'autres endroits.

Je me lave toujours les mains avant de faire un gâteau. Maman aime que mes mains soient propres.

Lorsque tout est prêt, maman et moi lisons le mode d'emploi sur la boîte du mélange à gâteau. Nous devons suivre le mode d'emploi attentivement.

Après avoir mis tous les ingrédients dans un grand bol, maman fait fonctionner le batteur. Je garde mes mains loin du batteur lorsqu'il fonctionne.

Quand tout est mélangé, j'aide maman à verser le mélange dans un plat. Ensuite, maman met le plat dans le four.

Nous réglons la minuterie. Quand la minuterie sonne, maman peut sortir le gâteau du four. Comme il est très chaud, elle utilise des mitaines à four.

Le gâteau doit reposer et refroidir. Pendant qu'il refroidit, je peux faire autre chose. Je pourrai manger le gâteau plus tard lorsqu'il sera glacé et que maman me dira que je peux maintenant en manger.

Quand le gâteau a refroidi, maman ouvre une boîte de glaçage et me laisse l'aider à glacer le gâteau.

Après avoir étendu le glaçage sur le gâteau, maman ou moi peut couper le gâteau.

Peut-être que maman me laissera maintenant manger un morceau du gâteau que j'ai fait cuire.

Maman est heureuse quand je suis serviable et que je fais du bon travail.

Utiliser les ustensiles   29
Dave VanLangevelde

Cette histoire raconte comment utiliser les ustensiles et les serviettes de table.

Habituellement, je déjeune, je dîne et je soupe. Quelquefois il y a une cuiller, une fourchette, une serviette en papier et un couteau sur la table. Utiliser la fourchette, le couteau et la cuiller fait partie des bonnes manières. Chaque ustensile est utilisé pour des choses différentes.

Ceci est une fourchette.

Une fourchette est utilisée pour piquer la nourriture et la porter à sa bouche.

Il existe des aliments qu'on ne peut pas piquer avec la fourchette. J'utilise alors une cuiller. Ceci est une cuiller.

Ceci est un couteau.

Un couteau est aiguisé d'un côté. Parfois, la nourriture est trop grosse pour la mettre dans ma bouche. Je me sers d'un couteau pour couper la nourriture en plus petits morceaux. Lorsque la nourriture est coupée en plus petits morceaux, je me sers de la fourchette pour la piquer.

Une serviette en papier est un morceau de papier spécial. Parfois la nourriture est salissante et j'en ai dans le visage et sur les mains. Je me sers de la serviette de table pour enlever la nourriture sur mon visage et sur mes mains.

Mâcher la bouche fermée

Teresa Nilson

Je peux mâcher la bouche fermée.

Je mets un petit morceau de nourriture dans ma bouche.

Parfois je mange des légumes, parfois je mange de la viande. Je mange toutes sortes d'aliments.

Après avoir mâché ma nourriture, je l'avale.

La plupart du temps ma nourriture a bon goût.

Ma mère et mon père sont fiers de moi quand je mange la bouche fermée.

Je suis content de moi quand je mange la bouche fermée.

Demander de l'aide quand je lave la vaisselle

Kris Thompson

J'aime aider à laver la vaisselle. Quand j'aide les gens, ils sont contents. Je sais qu'ils sont contents parce qu'ils sourient.

Parfois, quand je lave la vaisselle, l'eau est trop froide. Quelqu'un doit m'aider pour ajouter de l'eau chaude.

Parfois, quand je lave la vaisselle, l'eau est trop chaude. Quelqu'un doit m'aider pour ajouter de l'eau froide.

Je dois être très prudent quand je lave la vaisselle pour ne pas casser de vaisselle. Si je casse de la vaisselle, je dois demander à quelqu'un de m'aider à nettoyer.

Je pourrais aussi aimer essuyer la vaisselle. Quand j'aide à essuyer la vaisselle, les gens sont contents. Je sais qu'ils sont contents parce qu'ils sourient.

J'utilise un linge à vaisselle pour essuyer chaque morceau de vaisselle. Je suis très prudent pour ne pas casser de vaisselle. Si je casse de la vaisselle, je dois demander à quelqu'un de m'aider à nettoyer.

Lorsque j'ai terminé, je mets soigneusement de côté la vaisselle.

Je pourrais aimer aider à laver la vaisselle.

Laver la vaisselle

Jim Meduna

J'aime laver la vaisselle.

Je lave la vaisselle seulement quand c'est à mon tour.

Quand c'est à mon tour de laver la vaisselle, j'enlève d'abord tout ce qui se trouve dans l'évier.

Quand tout est enlevé de l'évier, je fais couler l'eau et je mets le bouchon du drain de l'évier.

Pendant que l'eau coule, je mets du savon à vaisselle dans l'eau.

Lorsque l'évier est plein d'eau et de savon au 3/4, je ferme le robinet.

Quand le robinet est fermé, je mets les tasses sales dans l'eau et je lave chacune d'elles avec un chiffon jusqu'à ce qu'elles soient propres. Je les rince avec de l'eau propre du robinet.

Après avoir lavé les tasses, je lave les assiettes et les ustensiles.

Ensuite je les rince.

Je commence maintenant à laver chaque marmite et chaque chaudron séparément.

Après avoir lavé une marmite ou un chaudron, je le rince immédiatement.

Maintenant j'enlève le bouchon du drain de l'évier.

Je regarde l'eau couler.

Lorsque toute la vaisselle est faite, je suis content.

Faire la vaisselle

Ross Vander Klok

J'aime aider à faire la vaisselle quand on me demande d'aider.

Je remplis l'évier à demi d'eau et je mets du savon.

Je prends les assiettes et les ustensiles et je les mets doucement dans l'évier rempli à moitié d'eau.

J'utilise un chiffon à vaisselle pour laver la vaisselle.

Je lave et je rince d'abord les verres, ensuite je lave les ustensiles.

Ensuite je lave et je rince les plats et les bols.

Je lave et je rince les marmites et les chaudrons en dernier.

Ensuite j'essuie la vaisselle, les marmites et les chaudrons avec un linge.

Je les place dans l'armoire, sur les tablettes, dans les tiroirs, ou à l'endroit où ils vont.

Laver la vaisselle, c'est être serviable.

Cela fait plaisir aux gens quand je les aide à laver la vaisselle.

Descendre l'escalier
Lynn Rickert

Parfois j'aime être le premier à descendre l'escalier. Mais je ne peux pas toujours être le premier à descendre.

Les autres vont parfois être dérangés si je suis toujours le premier à descendre l'escalier.

C'est bien de laisser descendre les autres avant moi. Les autres me laisseront parfois aller devant eux. C'est ce qui s'appelle avoir chacun son tour.

Les gens aiment que je leur demande s'ils aimeraient descendre l'escalier en premier.

Répondre au téléphone   35
Sarah Teunis

Les téléphones sont des objets très importants. Ils permettent aux personnes qui ne sont pas au même endroit de se parler.

Quand mon téléphone sonne, cela signifie que quelqu'un essaie de m'appeler ou d'appeler quelqu'un d'autre dans ma maison.

Je dois répondre au téléphone le plus tôt possible après la sonnerie parce que les personnes attendent que je décroche le combiné pour pouvoir me parler.

Après avoir décroché le combiné, je peux dire « Allô » dans le microphone.

Les personnes qui appellent peuvent commencer à me parler ou demander à parler à quelqu'un d'autre de la maison.

Si elles désirent parler à une autre personne de la maison, je dis « Un moment s'il vous plaît ». Je cherche dans la maison la personne à qui on veut parler et je lui dis qu'elle a un appel téléphonique.

Si la personne demandée par la personne qui appelle n'est pas à la maison, je dis « Je regrette, elle n'est pas à la maison pour le moment. Y a-t-il un message ? »

Ensuite, je prends en note le nom de la personne qui a appelé. Je peux demander à la personne qui appelle si elle désire laisser son numéro de téléphone. Je dois me souvenir de dire à la personne de la maison qu'elle a eu un appel téléphonique lorsqu'elle était absente.

Je ne touche pas au thermostat 36
Mike Everett

Le thermostat est pour garder la maison plus fraîche ou plus chaude.

Parfois on dirait que j'aimerais que la maison soit plus fraîche ou plus chaude.

Je n'ai pas besoin de toucher au thermostat.

Je devrais laisser le thermostat fonctionner seul quand maman et papa ne sont pas près de moi.

Je dois attendre leur aide.

Nettoyer ma chambre 37
Tonya Newton

Dans ma chambre il y a des fenêtres, un lit, un garde-robe et des commodes. Dans ma chambre, je peux ramasser les vêtements qui sont sur le plancher. Je me sers de cintres pour suspendre mes vêtements dans mon garde-robe. Je plie proprement mes sous-vêtements et je les range dans le tiroir de ma commode. Je mets mes vêtements sales dans un panier à lavage.

Je range mes souliers dans le bas du garde-robe. Je les alignerai bien proprement.

Je demande de l'aide si je ne peux pas trouver quelque chose où si je ne sais pas où va quelque chose. Je peux dire « Merci » à la personne qui m'aide.

Quelquefois, maman ou papa choisit de prendre soin de mes vêtements.

Mes parents aiment voir ma chambre propre. Les personnes qui entrent dans ma chambre peuvent être contentes de voir mon garde-robe propre.

Ma chambre

Kina Blauwkamp

Je suis dans ma chambre. Je vais nettoyer ma chambre. Mes parents aiment que je nettoie ma chambre.

Je vais suspendre mes vêtements ou je les plierai et les rangerai dans les tiroirs de ma commode. Mes vêtements sales iront dans un panier jusqu'à ce qu'ils soient lavés.

Je fais mon lit proprement. Mon oreiller est à la tête du lit. Les couvertures vont par-dessus les draps du lit. Elles sont étendues également de part et d'autre du lit. Elles font en sorte que mon lit paraît bien.

Je garde ma chambre propre chaque jour. Ainsi, elle paraît jolie.

Comment choisir les jouets

Melissa Randall

Quand j'ai joué avec mes jouets, je les range.

Je ramasse mes jouets et je nettoie ma chambre.

Quelquefois, j'ai beaucoup de jouets à ranger. Quelquefois je n'ai que quelques jouets à ranger.

Maman aime que mes jouets soient rangés.

Aider aux corvées   40
Stacie Harrington

C'est bien d'aider aux corvées. Les corvées aident à garder la maison propre.

Faire les corvées aide ma famille. Faire les corvées aide les gens parce qu'il est difficile pour eux de garder seuls la maison propre.

Je dois faire des corvées différentes chaque jour.

Les corvées que je peux faire sont passer l'aspirateur, épousseter ou faire mon lit. Il existe un grand nombre de corvées.

Si je passe l'aspirateur, je dois faire attention à l'aspirateur.
Je dois demander à quelqu'un de m'aider à le sortir et à le faire fonctionner.

Si j'époussette, je dois faire attention de ne rien casser.

Quand les corvées sont terminées, je peux ranger tout ce que j'ai utilisé pour faire mes corvées.

Les corvées peuvent être amusantes. Elles m'aident à apprendre à aider les autres.

Comment plier les serviettes et aider à faire le lavage

Leslie Moore

Certaines personnes croient que faire le lavage peut être très amusant. N'importe qui peut aider à faire le lavage.

Pour faire le lavage, il faut suivre différentes étapes. Voici ce qu'il faut faire :

1. Je ramasse les vêtements.
2. Je trie les vêtements par couleur.
3. Je mets chaque brassée de lavage dans la machine, une à la fois. Je lave chaque brassée séparément.
4. Je mesure et ajoute le savon.
5. Je choisis la bonne température de l'eau pour la brassée de vêtements et je règle le sélecteur de la bonne manière.
6. Je fais partir la machine.

Lorsque le lavage est fait, il est temps de mettre le linge dans la sécheuse.

Je sélectionne la sécheuse à la bonne température pour la brassée que j'ai à faire sécher. Le linge peut prendre beaucoup de temps à sécher, aussi dois-je être patient.

Quand les vêtements ou les serviettes sont secs, ils ont besoin d'être pliés ou d'être suspendus sur un cintre.

Les serviettes sont pliées. Une fois que je sais comment faire, plier une serviette peut être facile. Je devrais pratiquer.

Il existe plusieurs façons de plier des serviettes. Je peux demander à maman ou à papa de quelle manière ils veulent que je plie les serviettes. L'une des façons de plier une serviette est de la plier en deux, puis encore en deux, et en deux une troisième fois.

Quelqu'un peut me montrer comment faire.

C'est très gentil d'aider à plier le lavage parce que cela peut être beaucoup de travail pour une seule personne. Maman et papa sont très heureux quand je les aide.

Racler les feuilles   42
Brooke Taylor

Quand les feuilles prennent toutes sortes de couleurs, cela signifie que l'automne arrive.

L'automne est une saison de l'année.

Les feuilles tombent des arbres durant cette saison.

Nous raclons les feuilles qui tombent sur le sol. Nous raclons les feuilles jusqu'à ce que nous voyions le gazon.

Parfois, toute la famille racle les feuilles. Nous ramassons les feuilles en un gros tas. Quelquefois nous pouvons sauter dans le tas de feuilles.

Maintenant nous pouvons encore voir le gazon.

Comment jouer avec Barbie   43
Holly Drenthe

Je peux jouer avec Barbie. Je suis gentille avec Barbie.

Parfois, il est amusant de brosser les cheveux de Barbie. C'est amusant de collectionner les amis de Barbie.

Je peux avoir envie d'habiller Barbie avec des vêtements différents. Je peux laisser Barbie conduire sa voiture ou elle peut aller se baigner.

Je peux ranger toutes les affaires de Barbie quand j'ai fini de jouer avec elle. Je peux avoir du plaisir à jouer avec Barbie.

Personnages de dessins animés et acteurs

Adam Schuitema

Certaines personnes aiment les Tortues Ninjas.

Parfois, je vois les Tortues Ninjas à la télévision, au magasin ou dans les films. Elles peuvent être des bandes dessinées ou des acteurs.

Les Tortues Ninjas sont amusantes à regarder dans les films. Ce sont des personnes déguisées en Tortues Ninjas. Elles font semblant d'être des ninjas. Ce sont des acteurs.

Parfois, je vois les Tortues Ninjas faire semblant de frapper des personnes. C'est ce que les acteurs qui portent des costumes de ninja font parfois. Ils jouent la comédie, ils ne frappent pas vraiment les autres.

Les gens ne sont pas pareils. Je fais attention aux gens.

Les Tortues Ninjas
ne sont pas réelles
John Vander Baan

Il peut être amusant de jouer avec les Tortues Ninjas.

Les Tortues Ninjas ne sont pas réelles.

Je suis réel. Les Tortues Ninjas ne sont pas réelles. Parfois, dans les films, des personnes sont déguisées en Tortues Ninjas. Ces personnes font semblant d'être des Tortues Ninjas. Ce sont des vraies personnes qui sont dans les costumes de Tortues Ninjas.

Je peux jouer avec des figurines de Tortues Ninjas. Il peut être amusant de jouer avec les Tortues Ninjas.

Autres choses que je peux faire en plus de jouer au Nintendo   46
Vinh Do

À l'intérieur ou à l'extérieur, je peux faire plusieurs choses en plus de jouer au Nintendo.

À l'intérieur, je peux jouer à des jeux de société. Je peux jouer aux cartes.

Je peux lire un livre.

Je peux nettoyer ma chambre pour qu'elle paraisse plus jolie.

Je peux faire des dessins et les colorier.

Je peux jouer avec mon petit animal, si j'en ai un.

Si je suis dehors, je peux jouer au basket-ball.

Je peux aussi faire une promenade avec mes amis.

Je peux aller jouer aux quilles avec ma famille ou mes amis.

Je peux jouer avec une voiture téléguidée sur le trottoir.

Je peux aller à la plage avec ma famille.

Je peux avoir du plaisir à l'intérieur ou à l'extérieur !

Jouer à se déguiser   47
Lynn Rickert

J'aime jouer. Parfois, quand je joue, je joue avec plusieurs choses. Une chose avec laquelle les enfants aiment jouer est un déguisement.

Quand je joue à me déguiser, je fais semblant d'être quelqu'un d'autre. Certains enfants pensent que faire semblant d'être quelqu'un d'autre est très amusant.

Quand je joue à me déguiser, je peux parfois porter une robe ou une jupe que je ne porte pas habituellement. Je peux aussi porter un pantalon, une chemise et une cravate.

Je peux faire semblant d'être un professeur, et si d'autres personnes jouent avec moi, ils peuvent être les élèves. Ou je peux être l'élève et ils peuvent être le professeur.

Parfois, je porte un costume pour l'Halloween. Quand je suis déguisé pour l'Halloween, je vais dans les maisons et je dis « Donne-moi des bonbons ou je te joue un tour ». Les habitants de la maison viennent à la porte et me donnent des bonbons.

Se déguiser peut être très amusant.

Jouer avec des poupées 48
Lynn Rickert

Des fois j'aime jouer avec des poupées.

Je peux les habiller avec des vêtements de poupées.

Je peux les promener en carrosse où les bercer dans mes bras. Je peux faire semblant qu'elles s'endorment quand je les berce et que je leur chante une chanson.

Je peux serrer les poupées fort dans mes bras et les embrasser.

Je peux tenir mes poupées avec tendresse. Je peux traiter mes poupées avec beaucoup de soins.

Je pourrais parfois faire semblant de préparer à dîner à mes poupées. Je peux les nourrir avec de la fausse nourriture.

Je peux faire semblant de marcher avec mes poupées.

Ça peut être très agréable de jouer avec les poupées.

Un jeu appelé « Sorry »

Amanda DeYoung

Le jeu « Sorry » peut être amusant. Il est important de bien suivre les règles du jeu.

Premièrement, je mets le tableau de jeu au milieu du groupe de personnes qui jouent.

De cette façon, chaque joueur peut atteindre ses pions. Deux, trois ou quatre personnes peuvent jouer.

Je peux utiliser un pion rouge, jaune , bleu ou vert. À chaque partie je n'utilise qu'un seul pion. Je peux utiliser une couleur de pion différente à chaque partie.

Deuxièmement, je mets toutes mes pièces à la case « Départ ». Je peux commencer à jouer seulement si les dés s'arrêtent sur un ou deux.

Une fois que j'ai quitté la case «Départ«, je peux avancer ou reculer.

Je peux même piger une carte qui dit « Sorry ». Quand cela arrive, je peux placer mon pion sur une case occupée par le pion d'un autre joueur et le faire reculer à la case « Départ ».

Je peux gagner la partie si j'amène tous mes pions à la case « Maison » avant ceux des autres joueurs. Si je ne gagne pas, c'est aussi correct.

Le changement d'horaire à la télévision

50

Ross Vandr Klok

Parfois, les chaînes de télévision changent l'heure de diffusion de mon émission favorite.

L'une des raisons de ces changements est qu'il y a parfois une émission sportive spéciale, ce qui fait que nous n'avons pas l'émission régulière.

Une autre raison peut être la diffusion des débats politiques ou d'un discours du Premier ministre.

Il se produit parfois des événements très importants et un bulletin de nouvelles spécial vient interrompre l'émission que je regarde.

De temps à autre une chaîne de télévision change l'heure et le jour de diffusion d'une émission pour donner de la visibilité à une autre émission.

Je n'ai qu'à regarder dans le journal ou dans le guide horaire si l'émission est diffusée un autre jour.

Si mon émission n'est pas diffusée, je peux faire une foule d'autres choses à la place.

Je peux jouer à un jeu ou un de mes amis peut venir chez moi.

Je peux lire un livre ou un magazine. Je peux même regarder une autre émission.

Même si c'est fâcheux quand mon émission n'est pas diffusée, je n'ai qu'à faire quelque chose d'autre.

Comment se préparer pour aller se coucher

Jodi Ohlmann

Chaque soir je dois me préparer à aller me coucher afin de dormir.

Premièrement, je prends un goûter si ma mère ou une autre grande personne me le permet.

Ensuite je vais à la salle de bain, je prends ma brosse à dent et la pâte à dent et je me brosse les dents. C'est la façon de garder mes dents propres.

Je m'assure d'aller à la toilette.

Je mets mon pyjama et je vais me coucher.

C'est ainsi que je me prépare à aller me coucher chaque soir.

Aller se coucher
Sarah Chester

Je vais me coucher quand maman ou papa me dit d'aller me coucher.

Je dis « Bonne nuit ! »

Maman est contente quand je vais me coucher lorsqu'elle me le dit.

Je mets mon pyjama.

Je vais à la salle de bain.

Je brosse mes dents.

Je me lave les mains et le visage.

Quelquefois, je peux faire ces actions dans un autre ordre. Parfois je me lave les mains en premier, ensuite le visage et après je me brosse les dents.

Quand j'ai fini, je vais dans ma chambre.

Je fais ma prière avant d'aller me coucher.

Je ferme la lumière.

Je vais dans mon lit et je m'assoupis.

Je me couvre avec mes couvertures.

Je mets ma tête sur l'oreiller.

Je m'assoupis tranquillement dans le lit jusqu'à ce que je m'endorme.

C'est l'heure d'aller se coucher 53
Amy Lindrup

Le soir, avant d'aller me coucher, je me brosse les dents et parfois je fais ma prière. Mon dentiste aime que je me brosse les dents le soir.

Quand j'ai fini de me brosser les dents, je mets mon pyjama. Plusieurs personnes aiment la sensation de porter un pyjama.

Quand j'entre dans mon lit le soir, maman et papa viennent me border. Ils me serrent fort et m'embrassent. Ils me disent « Bonne nuit ! »

Parfois je suis fatigué et je m'endors tout de suite. D'autres fois je ne suis pas fatigué mais je reste quand même dans mon lit.

Quand je ne m'endors pas, rester dans le lit m'aide à fermer les yeux et à penser à quelque chose qui me repose ou que j'aime faire. Je sais que je tomberai endormi.

Quand je me réveillerai, ce sera probablement le matin.

Rester au lit
Darin Keller

Mon lit est fait pour dormir.

Si je dors dans mon lit, je serai reposé le lendemain.

Si je reste dans mon lit, je serai propablement de bonne humeur le lendemain.

Je vais essayer de rester au lit.

Quand je suis fatigué, mon lit est un bon endroit pour me reposer.

J'essaierai de rester dans mon lit jusqu'au lendemain matin, ainsi je serai bien reposé.

Tout sur les orages
Darin Keller

Certaines personnes croient que les orages sont beaux à regarder.

Les orages font tomber la pluie du ciel. La pluie fait pousser le gazon. La pluie rend le gazon vert.

Les orages sont bruyants, mais le bruit ne frappera jamais personne.

Les orages rendent les éclairs agréables à regarder. J'aimerais pouvoir regarder les orages.

Les orages
Jason Marvin

La pluie et les éclairs font partie de la nature.

Quand il y a de la pluie et des éclairs, je peux habituellement entendre aussi le tonnerre. Cela s'appelle un orage.

Les orages peuvent sembler effrayants.

Mais certaines personnes pensent que les orages sont amusants à regarder quand elles sont à l'intérieur, bien en sécurité.

Plusieurs personnes dorment pendant les orages et se sentent en sécurité.

Les orages font beaucoup de bruit, mais je suis en sécurité à l'intérieur.

Les parents vont en ville   57
Kelly Reagan

Quand maman et papa quittent la maison, ils reviendront.

Mes parent m'aiment. Cela signifie qu'ils veulent être encore avec moi. Cela signifie qu'ils reviendront à la maison.

J'essaierai de faire ce que ma gardienne me demande quand maman et papa seront sortis. Cela s'appelle « coopérer » avec la gardienne.

Maman et papa se souviennent que je suis à la maison. Ils reviendront à la maison. Mes parents seront fiers de moi si je suis aimable avec la gardienne.

Les gardiennes   58
Amy Schmuker

Ma mère et mon père m'aiment. Ils passent beaucoup de temps avec moi et prennent bien soin de moi. Parfois maman et papa aiment sortir et faire des choses de grandes personnes.

Maman et papa veulent que je sois en sécurité. Lorsqu'ils partent, une gardienne vient à la maison et reste avec moi, ou je dois aller à la garderie. Je pourrai avoir plusieurs gardiennes pendant que je grandirai.

Une gardienne peut être mon amie. Elles sont là pour me protéger et prendre soin de moi. Ils se peut que nous jouions à des jeux ou que nous lisions des livres.

Ma mère et mon père reviendront à la maison bientôt. Ils savent que je suis à la maison. Parfois, ils reviennent à la maison pendant que je dors. Parfois, ils reviennent à la maison quand je suis réveillé.

J'essaierai d'être aimable avec ma gardienne. Mon père et ma mère seront content que j'aie été aimable avec ma gardienne.

Pourquoi nous avons besoin de gardiennes
Stacie Hobbs

Parfois, maman et papa ont besoin de sortir pour quelque temps. Ils vont au magasin, à l'école, à des réunions et à d'autres endroits.

Quelquefois maman et papa sortent le soir et ont du plaisir. Leurs enfants restent à la maison.

Quand maman et papa s'en vont, ils appellent quelqu'un pour venir garder leurs enfants. Les enfants ont besoin d'une gardienne pour prendre soin d'eux.

Les gardiennes aident les enfants pour toutes sortes de choses. Elles peuvent jouer avec eux. Parfois elles lisent des histoires aux enfants. Les gardiennes gardent aussi les enfants en sécurité pendant que les parents sont partis.

Parfois, maman et papa partent pour longtemps. Des fois maman et papa sortent seulement pour une heure.

Les gardiennes sont là quand maman et papa partent pendant quelque temps. Les gardiennes sont agréables et peuvent être amusantes.

L'Halloween

Nikki Parmeter

Chaque année, l'Halloween est le 31 octobre. Les feuilles ont commencé à tomber des arbres et la température s'est habituellement refroidie.

Il y a partout de l'excitation. Beaucoup d'enfants se choisissent un costume. Ils sont heureux de le porter. Ils font semblant d'être quelqu'un d'autre.

Les enfants vont dans chaque maison de leur entourage et quand ils arrivent à la porte ils crient : « Donne-moi des bonbons ou je te joue un tour ! » Ils ont des sacs et recueillent les bonbons qu'on leur donne à chaque maison.

Après cette soirée longue et occupée, on enlève les costumes. Les enfants vont se coucher. Ils rêveront peut-être à ce qu'ils seront à l'Halloween l'an prochain.

La citrouille d'Halloween

Lisa Postema

C'est le 31 octobre et c'est l'Halloween. Il est temps de découper cette belle citrouille orange.

Quand je découpe une citrouille, maman et papa m'aident.

Premièrement, je découpe un trou sur le dessus de la citrouille et je vide l'intérieur.

Deuxièmement, je découpe les yeux. Je peux découper toutes sortes d'yeux. Je peux choisir mes yeux favoris et les découper dans la citrouille. Ma mère et mon père m'aideront à découper la citrouille.

Ensuite, je sculpte un nez. Maman et papa m'aideront. Le nez peut être gros ou petit, large ou mince.

Enfin, je découpe la bouche. Maman et papa m'aideront. Je peux découper le type de bouche que je veux. La bouche de ma citrouille peut avoir une dent, ne pas en avoir, ou avoir le nombre de dents que je veux.

Découper une citrouille 62
Calley Dehen

Parfois, quand l'Halloween approche, ma mère, mon père et moi découpons une citrouille.

Premièrement, j'étends du papier journal sur la table. Ensuite, je découpe un cercle sur le dessus de la citrouille. J'enlève le dessus.

Je plonge ma main dans la citrouille, j'enlève les graines et la pulpe orange.

Je dessine un visage sur la citrouille avec un crayon gras. Si maman et papa sont d'accord, je découpe les yeux, le nez et la bouche sur la citrouille.

Je me souviens d'être très prudent avec le couteau parce que les couteaux sont tranchants.

Je donne la citrouille à maman et papa, ils mettent une chandelle à l'intérieur de la citrouille et l'installent dans le portique ou dans la maison.

Jouer à attraper des pommes avec sa bouche   63

Jennifer Bly

Quand je joue à attraper des pommes avec ma bouche, je dois me tenir en ligne avec des amis. Je ne me préoccupe pas de savoir qui est le premier, le deuxième ou le troisième. L'ordre des amis n'a aucune importance.

Je garde ma place et je regarde mes amis prendre leur tour.

Quand c'est à mon tour, je marche jusqu'au seau rempli d'eau dans lequel flottent les pommes. Puis je plonge mon visage dans l'eau et j'essaie d'attraper une pomme en me servant seulement de ma bouche.

Un des adultes se sert d'une montre pour voir combien de pommes je peux recueillir dans le temps que j'ai pour le faire.

J'essaie de recueillir le plus de pommes possible.

Nous comptons les pommes pour voir combien j'en ai sorties de l'eau avec ma bouche.

La personne qui a sorti le plus de pommes de l'eau gagne.

Quand nous avons terminé, je peux m'asseoir et attendre que l'adulte nous dise, à moi et mes amis, ce que nous allons faire ensuite.

Ma liste de cadeaux de Noël

Kristi DeVries

Chaque année, à Noël, les gens se donnent des cadeaux.

Ils s'échangent des cadeaux pour montrer leur affection l'un pour l'autre. Les gens aiment donner des cadeaux que quelqu'un d'autre utilisera ou aimera. Je peux donner des idées aux gens des cadeaux que j'aimerais recevoir à Noël.

Parfois, je trouve mes idées de cadeaux de Noël dans des livres ou des magazines. Parfois, je les trouve à la télévision. Quand quelque chose m'intéresse pour Noël, je l'écris dans une liste.

Quelquefois, je peux vouloir des vêtements ou des jouets. Parfois, je peux vouloir des crayons et un cahier à colorier. Je peux vouloir quelque chose qui m'intéresse. J'écris ces choses dans ma liste.

Quand je choisis un cadeau à mettre dans ma liste, je m'assure qu'il ne coûte pas trop cher.

En faisant ma liste de cadeaux de Noël, j'aimerais qu'elle aide les autres. En lisant la liste, ils savent ce que j'aimerais avoir.

Quand Noël approche, je donne à ma famille la liste des cadeaux que j'aimerais recevoir à Noël.

Parfois, ils se peut que je ne reçoive rien de ce qui était dans ma liste. Les gens décident eux-mêmes ce qu'ils veulent acheter pour moi.

Quoi acheter aux gens pour Noël

Drew Ysseldyke

Pour Noël, les gens achètent des cadeaux pour les autres.

J'achète des cadeaux pour maman et papa. J'achète des cadeaux pour mes grands-parents. J'achète des cadeaux pour mes frères et soeurs. Parfois, j'achète aussi des cadeaux pour mes amis.

Je dresse une liste de toutes les personnes à qui je dois acheter un cadeau. Je trouve ce qu'ils aimeraient recevoir comme cadeau. Si je ne peux pas le trouver, je leur demande : « Qu'est-ce que tu aimerais avoir pour Noël ? »

J'essaie de garder secret leur cadeau jusqu'à Noël. J'essaie de ne pas leur dire ce que je leur ai acheté pour Noël. J'emballe les cadeaux pour qu'ils ne voient pas ce qu'il y a à l'intérieur. Quand ils ouvriront le cadeau, ils seront surpris.

Parfois, je n'ai pas assez d'argent pour offrir des cadeaux à tout le monde. Plutôt que d'acheter un cadeau, je fais quelque chose pour eux. Je fais quelque chose que je crois qu'ils pourront aimer.

Je sais que ce n'est pas la grosseur du cadeau qui compte.
Ce qui est important, c'est que je pense à eux à Noël.

Les cadeaux que donnent les gens

Denise Gemmen

Parfois, les gens me donnent des cadeaux.

Les gens peuvent me donner des cadeaux pour plusieurs raisons. Ils peuvent me donner des cadeaux parce que c'est mon anniversaire, parce que c'est Noël ou ils me donnent des cadeaux peut-être seulement parce qu'ils m'aiment.

Les gens me donnent des cadeaux parce que cela les rend heureux. Ils me montrent leur affection. Quand je reçois un cadeau, ce que je pourrais dire de bien est : « Merci ».
Je pourrais aimer donner des cadeaux aux gens. Cela les ferait se sentir bien. Ils pourraient me dire : « Merci ».

Mettre les boules dans l'arbre de Noël

Gina Mann

Voici comment je mets les boules dans l'arbre de Noël.

Je sors doucement les boules de Noël de la boîte.

Les boules peuvent être de différents styles, de différents formats et de différentes couleurs.

J'apporte soigneusement les boules vers l'arbre de Noël.

J'accroche les boules dans l'arbre.

S'asseoir sur les genoux du Père Noël   68

Kristi DeVries

Quand approche Noël, il se peut que j'aille voir le Père Noël. Le Père Noël est un vieil homme joyeux. Je peux dire au Père Noël ce que je veux pour Noël.

Parfois, je dois faire la file avec d'autres personnes pour attendre mon tour de parler au Père Noël.

Quand c'est mon tour, je m'assois sur les genoux du Père Noël. Je m'assois doucement sur ses cuisses. Le Père Noël est un gentil homme.

Je dis au Père Noël ce que je veux pour Noël. Parfois, quelqu'un prend une photo de moi assis sur les genoux du Père Noël.

Après avoir dit au Père Noël ce que je voudrais pour Noël, je descends de ses genoux.

Je dis bonjour au Père Noël et je laisse quelqu'un d'autre lui parler. Je retourne voir maman et papa.

Aller voir le Père Noël 69
Heather Foster

Je vais aller au magasin voir le Père Noël. Le Père Noël est un gros homme avec un habit rouge et une barbe blanche. Le Père Noël est un gentil monsieur qui apporte des cadeaux aux enfants à Noël.

Je vais faire la file avec les autres enfants. Je vais attendre mon tour pour parler au Père Noël.

Quand j'attends dans la file, je garde mes mains près de moi.

Quand j'attends dans la file, je parle à voix basse.

Le Père Noël est assis sur une grosse chaise. Quand vient mon tour de voir le Père Noël, il me demande de m'asseoir sur ses cuisses. Je peux m'asseoir sur les cuisses du Père Noël.

Le Père Noël me demandera ce que je veux avoir pour Noël. Je peux lui dire ce que je veux pour Noël.

Quand mon tour est passé, je donne la chance aux autres enfants de parler au Père Noël. Je peux dire : « Merci » au Père Noël. Ma visite chez le Père Noël est terminée.

Fabriquer un Valentin

Eric Stapleton

Voici comment je fabrique un Valentin.

Premièrement, j'ai besoin de papier et de quelque chose pour écrire dessus.

Je peux utiliser une plume, un crayon, des crayons gras ou des crayons de couleur.

Ensuite, je peux dessiner un Valentin. Je peux dessiner n'importe quoi que je trouve gentil. Un coeur est une bonne idée.

Ensuite, j'écris un message à quelqu'un de spécial, par exemple à maman, à papa, à grand-maman, à grand-papa, à un ami spécial ou à l'enseignant.

Si j'ai besoin d'aide, je peux demander à quelqu'un de me découper quelque chose. Je pourrais découper un coeur que j'ai dessiné.

Je donnerai le Valentin ou le coeur à la personne spéciale.

Tout sur les fêtes d'anniversaire 71

Alison Wallace

Le jour ou je suis né se nomme mon anniversaire.
Cette journée spéciale est fêtée une fois par année.

Lorsque c'est l'anniversaire de quelqu'un, nous pouvons faire une fête. Parfois, la famille et les amis se mettent ensemble pour nous aider à la préparer.

Parfois nous jouerons à des jeux et il y aura des cadeaux
à déballer.

La chanson « Joyeux anniversaire » est parfois chantée à la personne fêtée.

Habituellement, on mange du gâteau et de la crème glacée.
Sur le gâteau, il y a des chandelles.

Après la fête, habituellement chacun retourne chez lui.

Je vais à une fête d'anniversaire 72
Lori LaCrone

Je vais à une fête d'anniversaire.

Il y aura plusieurs personnes à la fête d'anniversaire. Il y aura sans doute des garçons et des filles de tous les âges.

Les gens apportent des cadeaux à la fête d'anniversaire.

Les cadeaux sont pour la personne fêtée. Certains cadeaux sont gros et d'autres sont petits.

À la fête d'anniversaire nous jouons à des jeux. Les gagnants reçoivent un prix. Peut-être que je recevrai un prix.

À la fête d'anniversaire, il y a de la nourriture. Il y a habituellement un gâteau avec des chandelles. Cela s'appelle un gâteau d'anniversaire. J'aimerais manger un morceau de gâteau.

Plusieurs enfants croient que les fêtes d'anniversaire sont amusantes.

Le matin
Susana Montes Fito

Après la nuit vient le matin.

Le matin arrive quand le soleil apparaît.

Mon réveil matin est réglé à l'heure où je dois me lever.

Chaque matin, mon réveil matin sonne. Ensuite je me lève.

Je peux dire : « Bonjour ! » à ma famille.

Je vais à la salle de bain prendre un bain.

Je me lave le corps et les cheveux.

Je brosse mes cheveux.

Je vais dans ma chambre.

Je m'habille.

Je déjeune avec ma famille.

Je vais à la salle de bain pour me brosser les dents.

Je prends mon sac.

Je prends mon lunch aussi.

Je dis : « Au revoir ! » à ma famille.

Je vais à l'arrêt d'autobus pour attendre mon autobus.

Mes amis attendent aussi.

Je parle à mes amis.

Quand l'autobus arrive, je monte à bord.

Je m'assois avec mes amis dans l'autobus.

L'autobus arrive à l'école.

Les enseignants et les élèves vont en classe.

Je leur dis : « Bonjour ! »

Nous nous assoyons à nos sièges.

L'enseignant commence à enseigner.

Dans l'autobus
John VanderBaan

Je marche vers l'arrêt d'autobus.

J'attends tranquillement l'autobus.

Je monte dans l'autobus.

Je m'assois tranquillement à mon siège dans l'autobus.

J'essaie toujours d'écouter le chauffeur d'autobus.

L'autobus arrive à l'école.

Quand l'autobus s'arrête, je descends tranquillement de l'autobus.

Les informations du matin

Mike Raad

Le matin, je vais en classe. J'y suis vers 9 heures.

Je m'assois sagement à mon siège.

J'écoute les informations sur les activité de la journée. Peut-être qu'elles me concerneront.

Les informations ne sont pas très longues. Parfois, elles sont intéressantes.

Quand les informations sont terminées, je peux parler à voix basse jusqu'à ce que l'enseignant commence la classe.

Apporter de l'argent à l'école 76

Je vais à l'école.

Il se peut que j'apporte une collation ou mon lunch à l'école. Parfois, je peux avoir besoin d'acheter une collation ou un lunch. J'apporte donc de l'argent avec moi.

L'argent peut être dans une petite bourse ou dans une enveloppe bien fermée. Si l'argent est dans une enveloppe, je peux écrire dessus à quoi sert l'argent.

Je donne l'argent à mon enseignant lorsque j'entre dans la classe. Mon enseignant sera content que je lui remette l'argent. Je suis heureux parce que j'ai fait ce que je devais faire avec l'argent.

Les enseignants

Sarah Cain

Il y a plusieurs façons d'être avec un enseignant. Au début de chaque année scolaire, il peut être un peu difficile de s'habituer à de nouveaux enseignants parce qu'on ne les connaît pas très bien.

Je peux avoir un autre enseignant parce que celui que j'ai d'habitude est malade ou parce qu'il a une réunion. Cet autre enseignant s'appelle un suppléant. Je peux aussi avoir un stagiaire qui enseigne pour une courte période.

Peu importe qui est l'enseignant, je le respecte et je l'écoute bien.

Tous les enseignants ont des manières de faire différentes.

Certains peuvent parler pendant toute une heure. D'autres me feront faire des activités.

Certains enseignants m'aideront beaucoup. D'autres m'aideront un peu. Cela dépend de l'enseignant. Je peux aussi demander de l'aide.

Certains enseignants peuvent me donner beaucoup de devoirs. D'autres m'en donneront peu.

L'important est de toujours faire de mon mieux.

Se préparer à recevoir un conférencier en classe

Kelly Reagan

Un conférencier doit venir en classe aujourd'hui.

Quand le conférencier parle, je peux écouter avec attention.

Quand vient un conférencier dans ma classe, je reste tranquille.

Si j'ai à parler avec les autres élèves, je parle à voix basse.

J'essaie de rester assis tranquille quand le conférencier parle.

Les autres élèves peuvent vouloir écouter ce que dit le conférencier.

En étant tranquille et en écoutant ce que dit le conférencier, je lui démontre de l'attention.

Quand j'écoute le conférencier, je peux apprendre quelque chose de nouveau.

Écouter les conférenciers   79
Ross Vander Klok

Parfois, des conférenciers spéciaux viennent me parler, parler à la classe ou à toute l'école.

Quand j'écoute le conférencier, je reste toujours tranquille. J'essaie de ne pas parler du tout.

Je garde mes mains pour moi et je ne dérange pas les autres autour de moi. Je m'assois les bras croisés ou les bras le long du corps. Je ne claque pas des doigts, je ne fais pas de bruit avec mes doigts. J'applaudis seulement quand le conférencier a fini de parler et que les autres applaudissent.

Je garde tranquilles mes pieds.

Une écriture soignée   80
Kelly Reagan

Quand j'écris, je prends mon temps.

J'essaie de faire de mon mieux pour écrire proprement pour que les autres puissent lire ce que j'ai écrit.

Certaines personne apprécieront mieux mon écriture si elle est propre et lisible.

Je fais de mon mieux pour essayer d'écrire avec ma meilleure main d'écriture.

Prêter un crayon
Lynn Rickert

Il y a parfois des personnes qui n'ont rien pour écrire.

Parfois j'ai deux crayons, deux plumes ou deux stylos pour écrire.

J'aide ces personnes en leur prêtant un de mes crayons, une de mes plumes ou un de mes stylos.

Aider est un beau geste.

Faire des fautes
Jon Kistler

Si je fais une faute dans mon travail, ce n'est pas grave.

Tout le monde fait des fautes.

Après avoir fait une faute, je peux revenir sur la faute et la corriger.

J'essaierai de me souvenir de ne pas faire la même faute deux fois.

Si je refais la même faute, je peux revenir sur la faute jusqu'à ce que je ne la répète plus.

C'est de cette façon que j'apprends.

C'est de cette façon que les autres apprennent aussi.

Les tests   83
Kelly Reagan

Tous les élèves de l'école ont à passer des tests.

Les tests aident mon enseignant à voir si j'ai besoin d'aide pour bien apprendre quelque chose.

Si je ne comprends pas une question du test, je peux demander de l'aide.

Durant le test je fais de mon mieux à chaque question et je travaille bien.

J'essaie de rester concentré sur mon travail jusqu'à ce que j'aie fini le test.

Avant de remettre mon test, je vérifie si je n'ai pas fait d'erreurs et si je n'ai pas oublié de répondre à des questions.

Se faire raconter une histoire   84
Joe DeVries

Se faire raconter des histoires peut être amusant.

Écouter des histoires peut m'aider à mieux les comprendre.

Beaucoup de personnes se font raconter des histoires.

Je peux me faire raconter des histoires à n'importe quel moment de la journée.

Beaucoup d'enfants aiment se faire raconter des histoires.

Quand j'écoute une histoire, je m'assois tranquille.

J'écoute des histoires parce qu'elles sont intéressantes.

Se faire raconter des histoires   85
Aimee Sterk

Parfois les gens se font raconter des histoires.

Les histoires peuvent parfois parler de choses qui sont arrivées pour vrai ou elles peuvent être inventées, c'est-à-dire parler de choses imaginaires.

Certaines histoires sont longues et prennent du temps à lire. D'autres histoires sont courtes et se lisent en quelques minutes.

Certaines histoires ont des images, d'autres ont seulement des mots.

Je peux parfois apprendre de nouvelles choses des histoires.

Je peux me faire raconter des histoires à la maison ou à l'école.

Quand je me fais raconter des histoires, je m'assois tranquille et je me concentre sur l'histoire.

Les autres enfants écoutent eux aussi les histoires. C'est pourquoi je dois rester tranquille, pour que chacun puisse entendre.

Les devoirs
Chris Fleck

Quand je suis à l'école, j'apprends beaucoup de choses très importantes.

Mon enseignante me donne parfois des devoirs.

Faire mes devoirs m'aide à apprendre encore plus sur différentes choses.

Je fais mes devoirs en arrivant à la maison après l'école pour pouvoir jouer avec mes amis après avoir fait mes devoirs.

Quand je fais mes devoirs, je m'assois à un bureau ou à la table de la cuisine.

Quand je fais mes devoirs, je n'ouvre pas la télévision.

Je vais dans un endroit tranquille où je pourrai bien faire mes devoirs.

Si j'ai des problèmes en faisant mes devoirs, je demande de l'aide.

Jouer avec des enfants différents 87

À l'école, nous avons une récréation.

Tous les enfants jouent dehors, au terrain de jeux. Je peux aller dehors moi aussi.

Il y a de nombreux enfants qui jouent à toutes sortes de jeux différents. Certains enfants peuvent être aux balançoires. D'autres peuvent être aux poutres. Certains enfants jouent sur le terrain. Il existe une foule de choses que je peux faire dehors durant la récréation.

Je peux jouer avec des enfants différents. Je peux me faire un nouvel ami et jouer avec lui. Nous pouvons avoir beaucoup de plaisir.

Je peux jouer à un jeu que je connais avec mon nouvel ami. C'est correct de jouer avec quelqu'un de nouveau.

De cette façon, j'aurai plusieurs amis.

Je joue doucement avec mes nouveaux amis. Nous aurons beaucoup de plaisir à jouer les uns avec les autres.

La récréation à l'intérieur 88

À l'école, nous avons une récréation.

La plupart du temps nous allons dehors. Parfois, nous passons la récréation à l'intérieur parce qu'il pleut. Notre enseignante nous dit quand rester à l'intérieur pour la récréation.

La récréation à l'intérieur est amusante pour plusieurs enfants. Je peux choisir un jouet ou un jeu et jouer avec lui. Je peux jouer seul ou avec un ami.

Quand j'ai fini de jouer avec mon jouet ou mon jeu, je peux le ranger.

Lorsque la récréation est à l'intérieur, je peux jouer avec les autres. À l'intérieur, c'est important de jouer tranquille.

Mon enseignante est contente quand je joue tranquille durant la récréation à l'intérieur.

Les terrains de jeux

À l'école et au parc, il y a des terrains de jeux. On y retrouve des glissoires, des balançoires à deux et des balançoires ordinaires.

Plusieurs enfants aiment les glissoires. D'un côté il y a une échelle. Les enfants grimpent à l'échelle. C'est important de monter lentement dans l'échelle. Sur le dessus de la glissoire, les enfants s'assoient un à la fois, les jambes droites devant eux. Tout en étant assis, ils glissent jusqu'au bas de la glissoire. Je peux aimer jouer à la glissoire.

Plusieurs enfants ont aussi beaucoup de plaisir à jouer aux balançoire à deux. Pour ce jeu, je cherche un ami qui a à peu près ma taille. Je m'assois d'un côté de la balançoire et mon ami s'assois de l'autre côté. Chacun notre tour nous poussons à terre avec nos pieds. Les balançoires à deux me font monter et descendre. Quand je suis en haut, mon ami est en bas. Quand je suis en bas, mon ami est en haut.

Dans plusieurs terrains de jeux on retrouve des balançoires ordinaires. Il existe quelques façons pour les enfants de jouer avec les balançoires. Je peux m'asseoir dans la balançoire et me balancer doucement d'avant en arrière.

Je peux aussi « pédaler » avec la balançoire. Quand je « pédale », je bouge ensemble les deux jambes. D'abord, je redresse bien droites mes jambes et ensuite je les plie. Quand je redresse mes jambes, je me tiens bien, je redresse mes bras et me penche vers l'arrière. La balançoire bouge vers l'avant. Ensuite, je plie mes bras et mes jambes et me penche vers l'avant. La balançoire bouge vers l'arrière. Chaque fois je vais un peu plus haut. Plusieurs enfants doivent pratiquer à « pédaler » avant d'apprendre à le faire correctement.

Le peux apprendre à jouer dans la glissoire, avec la balançoire à deux et avec la balançoire ordinaire du terrain de jeux.

Le terrain de jeux
Sarah DeHaan

Quand je suis à l'école, nous prenons une pause que l'on appelle la récréation. Durant la récréation, nous allons dehors jouer au terrain de jeux.

Le terrain de jeux est un endroit où nous allons pour avoir du plaisir et jouer avec nos amis, ou seuls.

Nous pouvons faire plusieurs choses au terrain de jeux. Au terrain de jeux il y a des jeux avec lesquels nous pouvons jouer comme une glissoire, des balançoires et un tourniquet.

Avec certains jeux du terrain de jeux nous devons être prudents pour ne pas tomber et nous blesser.

Nous devons aussi jouer avec les jeux chacun notre tour pour que tous les enfants aient la chance de jouer.

Jouer au basketball

Brian Smith

Certains jours, je peux me sentir capable de jouer au basketball. Si je joue, je dois le faire dans un gymnase.

Quand je suis dans le gymnase, il y a plusieurs personnes. Il est possible que des personnes viennent au gymnase après que la partie soit commencée.

Quand la partie commence, je peux être sur le terrain ou je peux regarder la partie en dehors du terrain, près des lignes. Si je suis sur le terrain, je peux faire plusieurs choses.

Si un de mes coéquipiers a le ballon, je peux essayer de me placer pour qu'il me fasse une passe. Il est possible que mon coéquipier ne me passe pas le ballon même si je suis en position de recevoir une passe.

Si j'ai le ballon et que je veux bouger avec lui, je dois faire bondir le ballon par terre. Si je me trouve assez près du panier, je peux essayer de lancer le ballon dedans. Je peux aussi passer le ballon à mes coéquipiers.

Si l'autre équipe a le ballon, je dois l'empêcher de faire un panier sans toucher les joueurs.

Si c'est à mon tour d'être au banc, je m'assois et j'encourage mon équipe. Quand la partie est finie, c'est bien d'aller serrer la main des joueurs de l'autre équipe.

La balle-molle
Kelly Reagan

Je joue à la balle-molle.

J'ai ma place dans la liste des frappeurs. Je dois attendre mon tour pour aller frapper. Quand c'est à mon tour à aller frapper, je porte un casque pour ma protection. Un casque protège ma tête.

J'essaie de frapper la balle avec le bâton. J'ai trois essais pour frapper la balle. Si je rate mes trois coups, je suis « retiré ». Mon tour est passé. Je retourne m'asseoir au banc.

Si je frappe la balle, je cours vers le premier but.

Si je me rends au premier but avant la balle, je suis sauf. Je reste au premier but.

Si la balle est attrapée avant que j'arrive au premier but, je suis retiré. Cela signifie que je dois retourner au banc.

Si je suis sauf au premier but, je peux courir vers le deuxième but. J'écoute les instructions de l'entraîneur au premier but. L'entraîneur m'aide. Un entraîneur peut aussi m'aider lorsque je suis au deuxième but.

Quand la balle est frappée, je cours au but suivant. Je reste au but jusqu'à ce que la balle soit encore frappée.

Il y a quatre buts : le premier, le deuxième, le troisième et le marbre. Si je cours et que je touche les quatre buts, même si je les touche avec mes pieds, la course compte.

Quand c'est au tour de l'autre équipe à frapper, je vais prendre ma place sur le terrain.

Sur le terrain, je porte un gant.

Le gant peut être porté de la main droite ou gauche. Le gant m'aide à arrêter la balle.

Si la balle vient vers moi, je l'arrête. Je lance la balle. Je lance la balle au but le plus proche et je touche au coureur ou j'essaie de courir avec la balle à un but avant le joueur de l'autre équipe.

Comment jouer au soccer

Greg Plotts

Cette histoire parle de soccer.

Pour jouer une partie de soccer, il faut deux équipes. Il y a onze joueurs par équipe.

La partie se joue sur un terrain rectangulaire délimité par des lignes blanches. Il y a deux buts, un à chaque bout du terrain.
Il y a un ballon de soccer.

Quand je joue au soccer j'essaie de frapper le ballon vers le but de l'autre équipe. L'autre équipe essaie de frapper le ballon vers le but de mon équipe.

Chaque fois que le ballon entre dans le but, l'équipe qui a fait entrer le ballon dans le but marque un point.

L'équipe qui a le plus de points à la fin de la partie gagne.

Comment courir une course à relais

Kevin Pike

Une course à relais se court avec quatre personnes. La première personne commence la course au signal de la personne en charge du départ.

Chaque personne doit rester entre les lignes de son corridor. La première personne court vers la deuxième.

La deuxième personne commence à courir quand la première approche d'elle.

Quand la première personne atteint la seconde, elle crie « Relais ». La deuxième personne tend le bras vers l'arrière et prend le bâton.

La deuxième personne court vers la troisième. La deuxième personne donne le bâton à la troisième personne.

La troisième personne court vers la quatrième personne et lui donne le bâton.

La quatrième personne prend le bâton et court vers la ligne d'arrivée aussi vite qu'elle le peut.

Jouer à la cachette

Mike Carpenter

Jouer à la cachette peut être très amusant.

Je peux jouer à la cachette à plusieurs endroits. Je peux jouer à la cachette à l'école ou à la maison. Chaque fois que je suis avec des amis je peux jouer à la cachette.

Quand on joue à la cachette, il y a un enfant appelé « celui qui compte » qui ferme ses yeux et qui attend. Les autres enfants se cache à un endroit sécuritaire et pas trop loin. Lorsque les enfants sont cachés, « celui qui compte » essaie de trouver les enfants cachés.

Il existe plusieurs endroits sécuritaires où les enfants peuvent se cacher. Certains enfants aiment se cacher sous des choses ou derrière des choses. Quand je me cache je suis très tranquille parce que je ne veux pas être découvert immédiatement.

Quand je suis « celui qui compte », j'ai parfois de la difficulté à trouver les enfants cachés. Je regarde attentivement parce que je sais que je peux les trouver. Ils ne sont pas cachés loin.

Jouer à la tag

Mike Carpenter

Jouer à la tag est un jeu amusant pour la plupart des enfants. La tag peut se jouer à deux aussi bien qu'en groupe.

La tag est un beau jeu pour jouer dehors. Quand je joue à la tag, une personne « a la tag ».

L'autre personne tente de s'éloigner de celle qui « a la tag ». La personne qui « a la tag » court après l'autre personne pour lui donner la tag en la touchant.

Quand on donne la tag à une autre personne, il est important d'être gentil et de lui donner doucement. Je n'ai qu'à toucher la personne. Lorsqu'elle a été touchée, la personne devient celle qui « a la tag ».

Quand je m'éloigne de la personne qui a la tag, je reste dans un endroit sûr.

Le hockey
Mike Carpenter

Le hochey est un jeu amusant à jouer pour plusieurs personnes. On joue au hochey sur la glace dans un aréna ou à l'extérieur, mais on peut aussi jouer dans un gymnase.

Quand on joue au hockey avec un groupe de personnes, le groupe s'appelle une équipe. L'objectif d'une partie de hockey est de compter plus de but que l'autre équipe.

Un but est compté quand un joueur envoie la rondelle dans le but de l'autre équipe.

L'équipe qui fait un but gagne un point.

Chaque équipe a un joueur qui s'appelle un gardien de but. Le gardien de but doit arrêter la rondelle quand elle vient vers le filet. Le gardien de but peut arrêter la rondelle avec son corps ou avec son bâton.

Les autres joueurs essaient de marquer des buts. Ils essaient de déjouer le gardien de but pour faire entrer la rondelle dans le filet pour que leur équipe gagne.

Certains joueurs de l'équipe aident le gardien de but en empêchant les joueurs de l'autre équipe d'aller compter des buts.

L'équipe qui a le plus de points à la fin de la partie gagne la partie.

Faire la file 98

Parfois nous devons faire la file. C'est plus facile d'attendre chacun son tour pour faire quelque chose. Quand on fait la file, on sait à qui est le prochain tour.

Nous faisons la file à l'école. À l'heure du dîner, nous faisons la file pour prendre notre lunch. Nous savons tous à qui sera le prochain tour. C'est plus facile ainsi.

Quand nous allons à la récréation ou que nous en revenons, nous pouvons faire la file.

Nous pouvons faire la file pour aller dans une autre classe. Mon enseignant est content quand je fais la file. Nous pouvons aussi attendre à la file à l'épicerie. C'est bien d'attendre son tour au magasin. Il est important de retenir ses mains quand on attend son tour. Il est important d'attendre calmement.

Parfois, quand on va au restaurant, beaucoup de monde attend pour manger. On doit faire la file pour attendre notre tour et commander notre nourriture ou pour s'asseoir et manger.

Certains restaurants écrivent le nom des personnes qui arrivent. Dans ce cas, on s'assoit et on attend notre tour. Quand il y a de la place pour nous, on nous appelle et on va s'asseoir pour manger.

Quelquefois les gens attendent en ligne assis dans leur voiture. Ils attendent en ligne pour acheter un billet pour entrer au ciné-parc, ou ils attendent en ligne pour commander leur nourriture à la commande à l'auto d'un restaurant. Parfois, les gens attendent dans leur voiture pour acheter de l'essence.

Quand je fais la file, j'attends un peu. Mon tour viendra.

Changer la routine 99

D'habitude, à l'école, j'ai une routine. Je fais les choses dans un certain ordre. Parfois, je dois faire les choses un peu différemment.

Notre classe de musique peut être un jour différent ou à un moment différent.

Parfois, nous devons faire une assemblée. Tous les élèves doivent se rassembler pour écouter un conférencier ou regarder une émission spéciale. Cela changera l'ordre des choses que nous faisons.

Parfois, un visiteur viendra en classe pour nous parler.
Cela changera l'ordre des choses que nous avons à faire.

Parfois, nous pouvons avoir une fête qui change notre routine.

À l'école, nous ne pouvons pas toujours suivre la même routine. C'est correct de faire les choses dans un ordre différent. Il y a toujours un horaire à suivre mais c'est seulement différent cette journée-là.

À l'école, quand la routine est différente, j'écoute mon enseignante. Elle sait ce qu'il y aura à faire. Elle dira, à moi et aux autres, ce qu'il y aura à faire.

Mon enseignante sera contente si tout le monde est tranquille et écoute attentivement pour connaître ce qu'il y aura à faire
par la suite.

La routine peut aussi être changée à la maison. Parfois, papa peut arriver en retard pour dîner et je mangerai à une heure différente. Je peux aller au lit à une heure différente. Mes parents peuvent sortir pour quelque temps. Cela arrive pour certaines raisons et maman et papa doivent changer un peu la routine. Ils décident de changer la routine et tout est bien ainsi.

J'écoute ma mère et mon père pour savoir ce qui arrivera par la suite. Ils me diront pourquoi il y a des changements à la routine. Ils connaissent le nouvel horaire de la journée.

Dîner à l'école

Mike Johnson

C'est le temps de dîner. Je vais à la cafétéria et je fais la file. J'attends mon tour pour avoir mon repas.

Ensuite, je prends un plateau, une fourchette, une cuillère et un couteau. Je donne mon plateau aux personnes derrière le comptoir et je leur dis ce que je veux pour le repas. Ils mettent ce que je veux dans mon plateau.

Ensuite, je prends ce que je veux d'autre pour manger. Puis je prends mon lait.

Je donne l'argent à la caissière. Parfois, elle me remettra de la monnaie.

Maintenant, je cherche une place où m'asseoir. J'apporte mon plateau à la table. C'est correct de parler avec les autres enfants qui sont à la table.

Après avoir fini de manger, je rapporte mon plateau à la personne qui lave la vaisselle.

Manger sa propre nourriture au dîner
101
Katie Cole

La plupart des pesonnes de l'école dînent à la cafétéria. À l'heure du dîner, la plupart des élèves mangent leur dîner. Plusieurs élèves aiment manger avec les autres élèves.

Lorsque je suis assis avec les autres élèves, ils aiment manger leur propre nourriture.

Tout le monde préfère que chaque élève mange ses propres aliments.

D'habitude, à l'heure du dîner, les élèves ont quelque chose à boire. La plupart du temps, j'ai quelque chose à boire à l'heure du dîner.

Les élèves préfèrent boire leur propre boisson. Les élèves aiment que je boive ma propre boisson. Je bois ma propre boisson.

Quand je mange à la cafétéria, les élèves aiment que je mange et que je boive mes propres aliments.

Maintenant je vais manger

Kristen Regester

D'habitude, à l'école, je mange un repas chaud. Parfois, j'apporte un repas déjà prêt. Quand je veux un repas chaud, je dois faire la file. C'est poli d'attendre mon tour. J'attends patiemment derrière la personne devant moi. Cette personne peut être une fille ou un garçon.

Quand je suis près des plateaux et des ustensiles, je prends un plateau. Je prends aussi une fourchette, un couteau et une cuillère. Il peut aussi y avoir tout près des serviettes de table et des pailles. Je prends une serviette de table et une paille.

Quand je suis près du plat contenant le repas principal, la personne derrière le comptoir me demande ce que j'aimerais manger. Je regarde et je choisis. Je lui dis ensuite mon choix.

Parfois, on peut prendre des pizzas-pochettes. Parfois, on peut prendre de la sauce à la dinde. Je peux choisir entre plusieurs plats.

Ensuite, je passe à un autre choix de nourriture. Ce peut être des fruits, de la compote de pomme, un jus, des cornichons, de la salade, des carrottes et du céleri. Je choisis un ou deux de ces aliments. À la fin de la file, je peux choisir entre un lait ou un lait au chocolat.

Je dois payer mon repas. Je prends ma carte-repas et la donne au caissier. Le caissier poinçonne ma carte, ce qui signifie que j'ai payé mon repas. Le caissier me redonne ma carte que je garde jusqu'au lendemain.

Je cherche une place où m'asseoir. D'habitude, je m'assois avec mon moniteur. Je mange mon dîner. Durant ce temps, mon moniteur peut me poser quelques questions. Je réponds et je pose des questions à mon moniteur. C'est poli de parler avec mon moniteur.

Quand j'ai fini de dîner, je vais déposer mes déchets dans la poubelle et je dépose mon plateau à sa place. Je retourne en classe !

Après le dîner, je vide mon plateau
103
Kelly Reagan

Après le dîner, je vide mon plateau.

Je vide mon plateau des déchets.

Si j'ai des ustensiles métalliques, je les mets au bon endroit.
Je mets les ustensiles métalliques dans un plat à vaisselle.

J'apporte mon plateau à la personne qui lave la vaisselle
de la cafétéria.

Je retourne à la table où j'ai mangé. J'attends jusqu'au moment
de retourner en classe.

Sac à lunch

Kelly Reagan

Les gens apportent leur lunch quand ils mangent à l'extérieur de la maison. J'apporte un sac à lunch à l'école quand je ne veux pas manger un repas chaud à la maison.

Mon sac à lunch est un petit sac de papier.

J'écris nom sur le sac en papier me servant de sac à lunch.

Le lunch que j'apporte pour manger à l'extérieur de la maison ou de l'école est empaqueté dans un petit sac de papier.

Aller aux endroits différents de l'école

Amy Lindrup

Quand je suis à l'école, je vais à plusieurs endroits différents. Parfois je vais en classe d'art, de musique ou au gymnase.

Quand je me rends dans ces différents endroits, je marche en faisant la file avec mes mains le long du corps. Je marche calmement avec mes mains le long du corps. Mon enseignante aime que je marche calmement.

Quand nous allons en classe, nous nous assoyons calmement et nous attendons que l'enseignante commence.

En classe d'art, nous créons habituellement quelque chose. Parfois nous dessinons, peignons ou modelons avec de l'argile. Je rapporte mes oeuvres à la maison. Si elle le veut, ma mère met mes modelages sur le réfrigérateur. Cela signifie qu'elle est fière de ce que j'ai fait. Je suis très fier de mon travail.

Nous allons aussi en classe de musique. Certains enfants aiment la musique parce que nous jouons avec différents instruments et chantons. Nous jouons avec les instruments seulement quand l'enseignante nous le dit.

En classe de gymnastique, nous jouons à des jeux. Nous faisons aussi des exercices en classe de gymnastique. Cela me fait grandir et me donne de la force.

Aller à la bibliothèque de l'école 106
Keri Hess

La bibliothèque est remplie de livres que je peux regarder.

Parfois, il y a d'autres élèves et d'autres enseignants dans la bibliothèque.

Je dois parler tout bas dans la bibliothèque parce que certains enfants veulent lire.

Je dois parler tout bas dans la bibliothèque parce que certains enfants veulent étudier.

Aller à la bibliothèque   107
Kelly Reagan

Je vais à la bibliothèque avec ma classe.

En allant à la bibliothèque, je marche lentement dans le hall.

Une fois rendu à la bibliothèque, je parle tout bas. D'autres personnes peuvent être en train d'étudier.

Je regarde sur les rayons de la bibliothèque pour trouver un livre qui pourrait m'intéresser.

Je peux demander de l'aide au bibliothécaire.

Tout ceux qui veulent apporter un livre à la maison doivent le faire enregistrer. Quand je trouve un livre qui m'intéresse et que je veux l'apporter à la maison, je dois le faire enregistrer.

J'apporte le ou les livres au bibliothécaire et il y écrit une date. À cette date, le livre doit être retourné à la bibliothèque.

J'ai aussi besoin d'une carte de la bibliothèque ou une autre carte.

Lorsque la date de retour du livre est arrivée, je retourne le livre à la bibliothèque pour que d'autres personnes puissent le prendre.

Si j'oublie de rapporter mon livre à la date de retour, je peux le rapporter le lendemain. Ce sera correct.

L'exercice de feu

Kelly Reagan

Les exercices de feu sont pour nous aider. Un exercice de feu est un entraînement. Un exercice de feu aide les enfants et les adultes à quitter en sécurité un édifice.

Le signal d'un exercice de feu est fort. Il est fort parce qu'il est important que tout le monde l'entende. C'est important pour la sécurité. La sécurité, c'est bien.

Mon enseignante me parle et parle aux autres de l'exercice de feu. Mon enseignante me dit et dit aux autres ce qu'il faut faire. J'écoute mon enseignante.

Les enfants vont faire la file à la porte. Ils laissent de côté leur travail. Je vais faire la file à la porte. Je mets de côté mon travail.

Les enfants font une seule file. J'ai une place dans la file.

Il y a un enfant devant moi et un derrière moi. À chaque exercice de feu, l'enfant devant et derrière moi peut être différent.

Le professeur dit aux enfants en ligne de sortir dehors. J'écoute mon enseignante et je fais ce qu'elle dit.

Les enfants commencent à marcher dehors. Je reste à ma place dans la file.

La file d'enfants va dehors. Je vais dehors avec la file d'enfants.

Mon enseignante dit à la file d'enfants d'arrêter. La file s'arrête. L'enfant devant moi arrête. J'arrête.

Mon enseignante dit à tous les enfants d'attendre. J'écoute mon enseignante.

Les enfants attendent calmement. J'attends calmement.

Les enfants sont en sécurité. Je suis en sécurité.

Le bruit fort du signal de l'exercice de feu s'arrête.

Mon enseignante dit à tous les enfants en ligne de retourner à l'intérieur. J'écoute mon enseignante. J'entre à l'intérieur.

Les enfants retournent à l'intérieur. Je retourne à l'intérieur.

Les enfant restent en file. Je reste dans la file derrière l'enfant devant moi.

Les enfants retournent dans la classe. Je retourne dans la classe.

Les enfants s'assoient à leur pupitre. Je m'assois à mon pupitre.

L'exercice de feu est terminé.

Une fête à l'école

Amy Lindrup

Parfois, nous avons des fêtes spéciales à l'école. Les fêtes sont habituellement pour les occasions spéciales comme l'Halloween, Noël ou la Saint-Valentin.

Les mères de certains enfants viennent aider à préparer la fête.

Les enfants s'assoient sagement à leur siège et attendent les directives.

Notre classe a des friandises parce que c'est fête. Les friandises peuvent être des bonbons, des biscuits ou même des petits gâteaux. Les mamans ont préparé ces friandises pour nous. Nous disons : « Merci ! »

Après avoir mangé, parfois nous jouons à des jeux. Pour certains enfants, les jeux représentent beaucoup de plaisir. Quand nous jouons à des jeux, plusieurs enfants rient beaucoup.

Quand la fête est terminée, nous retournons à notre travail.

La photographie d'école
Mike Ball

Ce scénario concerne la photographie d'école. Premièrement, j'apporte l'enveloppe pour mettre l'argent qui paiera la photographie. Je la donne à mon père ou à ma mère.

Papa ou maman la remplit et me la donne pour que je la rapporte à mon enseignante.

Je m'habille très proprement et je peigne mes cheveux.

Quand j'arrive à l'école, je vais faire prendre ma photo. J'attends patiemment en ligne. Je peux parler doucement.

Quand j'arrive au début de la file, je donne mon enveloppe à la personne qui les ramasse.

Je m'assois sur un tabouret ou sur une chaise. Je m'assois bien droit. Je regarde l'appareil photo. Je souris. Je laisse la personne prendre ma photographie.

Lorsque tous les enfants se sont fait photographier, nous retournons calmement dans la classe.

La photo d'école

Cindy Bond

Les enfants de l'école se font photographier. Ça peut être amusant.

Je mets une chemise ou une robe propre. Je me brosse les cheveux. Je me brosse les dents. Je vais à l'école.

Je marche lentement avec mes amis vers la salle où sera prise la photo. J'attends calmement en ligne.

Quand c'est mon tour, je m'assois sur une chaise. Je fais un beau grand sourire pour l'appareil photo. L'appareil flashe. Mon tour est passé. Je peux être fier de moi. Je peux faire quelque chose de bien.

Dans quelques semaines, je recevrai ma photo.

Je peux demander à mes amis s'ils veulent me donner une de leur photo. Je peux dire : « Merci ». Je peux leur donner une de mes photos.

Les examens d'audition et de la vue à l'école

Kelly Reagan

À l'école, je peux avoir mes examens d'audition et de la vue. Mon médecin peut aussi examiner mon audition et ma vue.

Pour mon examen de la vue, je regarde dans une boîte spéciale et je dis ce que je vois à la personne qui m'aide.

Pour mon examen de l'audition, je porte un casque d'écoute et j'écoute des sons. Je dis ce que j'entends à la personne qui m'aide.

Tout le monde a besoin de passer un examen d'audition et de la vue.

Commencer la journée   113
Diane Omer

J'entre dans l'école.

J'enlève mon manteau et le suspends à un crochet.

Je sors ma collation de mon sac et la dépose à sa place sur le napperon.

Je sors mon cahier de mon sac et le dépose dans le panier.

Je suspends mon sac sur un crochet avec mon manteau.

Je m'assois sur un carré de tapis.

Mon enseignante aime ça quand je suis un bon élève.

La maternelle
Melissa Kuk

Je vais à la maternelle. C'est amusant la maternelle

Je me fais de nouveaux amis et j'apprends de nouvelles choses.

Il y a une période pour jouer, une période pour travailler et une période pour la sieste.

Quand je retourne à la maison, je peux dire à papa et à maman tout ce que j'ai fait à la maternelle.

La maternelle : la période de rangement

Jennifer Vander Giessen

La cloche sonne à la fin de la récréation.

Je range mes jouets.

Parfois, mes jouets sont rangés avant que les autres enfants aient rangé les leurs. Je peux aider les autres enfants à ranger leurs jouets.

Être un nouvel élève

Sarah Cain

Être un nouvel élève dans une nouvelle école peut être une expérience épeurante. Tout autour est nouveau. Les visages de la nouvelle enseignante, des élèves de deuxième année et des plus vieux de l'école sont nouveaux aussi.

Les nouveaux élèves arrivent habituellement à l'école une semaine avant le début de l'année scolaire. Ils se promènent dans les différents locaux de l'école. Ils rencontrent le personnel de l'école. Ils reçoivent un cahier dans lequel sont écrits les règlements de l'école.

Les nouveaux élèves s'assoient avec un conseiller et discutent des cours qu'ils devront prendre. Ils disent au conseiller les cours qu'ils aimeraient avoir. Il y a peut-être des cours qu'un nouvel élève doit avoir. Le conseiller fait un horaire avec les numéros de locaux, les noms des enseignants et les cours que les nouveaux élèvent auront.

La prochaine étape est de reconnaître où se trouvent les classes.

Quelques élèves se sentiront perdus et ne sauront pas où aller, mais certaines personnes peuvent les aider : les enseignants, les conseillers et les amis qui partagent leur casiers. Dans le bureau de direction il y a une carte de l'école.

À la fin de la journée, certains nouveaux élèves se sentent soulagés. Ils ont rencontré les nouveaux enseignants. Ils se sont fait de nouveaux amis.

Mon casier
Kelly Reagan

Ceux qui veulent garder leurs objets en sécurité ont un casier. Un casier garde mes choses en sécurité.

Les casiers peuvent se trouver dans les écoles, dans les gares d'autobus, dans les piscines publiques ou dans les locaux d'employés.

Pour ouvrir un casier à l'école, je dois connaître la combinaison du cadenas. Je suis seul à connaître la combinaison pour que personne ne prenne mes affaires. Si je partage un casier avec un autre élève, mon partenaire doit aussi connaître la combinaison.

Les casiers sont situés dans des endroits où les gens veulent garder leurs affaires en sécurité. Quand je mets mes affaires dans le casier, ils resteront dans le casier. Mes affaires seront là quand j'en aurai besoin.

De quoi parler avant le début de la classe

Kelly Reagan

Si j'arrive tôt en classe, je peux parler avec les autres élèves de ce que j'ai fait, de ce que je pense, de ce que j'aime, de ce que je ferai ou de ce que je ressens. Par exemple, je pourrais parler :

- de la température à l'extérieur et son effet sur moi ;
- des activités que j'ai prévues après l'école ;
- de ce que je pense faire durant les vacances ;
- de ce que mon petit animal a fait de plaisant et de gentil ;
- de l'émission de télévision que j'ai regardée et si elle était amusante ou ennuyante ;
- de ce que mes frères et soeurs ont fait de drôle ;
- de la musique que j'aime écouter durant mes temps libres ;
- du garçon ou de la fille que je trouve aimable ou gentil.

La personne avec qui je parle peut aussi avoir des choses à dire. Je peux écouter ce qu'elle a à dire. Ce qu'elle dit peut me donner des idées sur d'autres choses à dire.

Rencontrer quelqu'un dans le corridor

Steve Uganski

Rencontrer quelqu'un dans les corridors de l'école peut être amusant. Il y a plusieurs personnes dans les corridors que tu ne pourras pas voir ailleurs.

Si tu veux parler à quelqu'un dans les corridors, assure-toi d'avoir le temps de lui parler. Si tu lui parles trop longtemps, tu pourrais arriver en retard à ton prochain cours. Si tu es avec un groupe de personnes, marche avec le groupe plutôt que de marcher derrière le groupe.

Pour te présenter à quelqu'un qui ne te connaît pas, dis-lui : « Bonjour ! » et dis-lui ton nom. C'est correct de parler à qui tu veux mais sois certain d'arriver à l'heure au prochain cours.

Il peut y avoir beaucoup, beaucoup de monde dans les corridors et ils peuvent être très bruyants. Si quelqu'un ne te répond pas, c'est peut-être parce qu'il ne t'a pas entendu.

Parfois, les gens sont très occupés. Il se peut qu'ils n'aient pas le temps de te parler ou de t'écouter. Peu importe ce qui arrive, parle sur un ton normal dans les corridors.

Marcher et parler

Jennifer Brechtel

Je peux aimer marcher avec mes amis et mes enseignants.

Je marche dans le corridor avec eux. Je marche à côté d'eux. Si je marche devant eux, ils ne pourront pas voir mon visage. Si je marche derrière eux, ils ne me verront pas du tout. Je marche avec eux côte à côte. Je peux aimer marcher avec eux.

Quand mes amis marchent avec moi en allant dîner, je parle avec eux. J'aime aussi parler à mes enseignants. Je peux leur demander : « Comment ça va aujourd'hui ? » Je peux leur dire comment je vais. Ils aiment parler avec moi.

J'aime mes amis et mes enseignants. Je peux aimer marcher et parler avec eux.

Dîner avec mon moniteur 121
Cindy Umstead

Mon moniteur viendra à ma classe pour me chercher. Nous nous rendrons ensemble au local pour dîner. Je peux marcher à côté de mon moniteur. Mon moniteur est mon ami.

J'attends en faisant la file pour acheter mon dîner. Si j'ai apporté mon lunch, je peux chercher une place pour m'asseoir. Il y aura plusieurs personnes qui mangeront dans le local.

Je m'assois avec mon moniteur et nous dînons ensemble. Je peux parler à mon moniteur et mon moniteur peut me parler. J'attendrai d'avoir terminé de manger avant de me lever et de partir.

Quand nous aurons fini de manger, mon moniteur viendra me reconduire à ma classe. Nous devrons marcher à travers une foule de personnes. Quand nous arriverons à ma classe, je devrai dire : « Au revoir ! » Je reverrai encore mon moniteur.

Quand je vais dîner
Matt Ply

À l'heure du dîner, mon moniteur vient me chercher. Il est très gentil. Il mange son dîner avec moi. Je prends ma carte de dîner et je me rends dîner avec lui.

Nous devons attendre en ligne pour notre repas. J'attends patiemment. Bientôt ce sera mon tour à avoir mon dîner.

La personne derrière le comptoir me donne mon dîner. Elle est très gentille. Elle me demande ce que je veux. Je lui dis ce que je veux avoir dans mon plateau. Je dis : « Merci ! » C'est ensuite le tour de la personne derrière moi à avoir son dîner.

Il y a une personne à l'autre bout du comptoir. Je lui donne ma carte de dîner. Elle la poinçonne et me la redonne. Je dis : « Merci ! » Maintenant, je vais m'asseoir.

Mon moniteur et moi trouvons une table. Nous nous assoyons à la table. Mon moniteur me pose des questions. Je réponds à ses questions. Je peux aussi lui demander des questions.

Quand le dîner est terminé, c'est l'heure de retourner en classe. Je marche avec mon moniteur. Mon moniteur est très gentil. Il me dit : « Au revoir ! » et « À la prochaine » quand il s'en va. Je peux lui dire « Au revoir » moi aussi. Mon moniteur est un ami.

Aller à la bibliothèque de l'école   123
Sarah Cain

Je vais à la bibliothèque de l'école. Quand j'entre dans la bibliothèque, je dois être silencieux. Je dois rester tranquille quand je suis à la bibliothèque.

Dans une bibliothèque, il y a des tables pour que les élèves puissent faire leurs devoirs ou étudier pour un test. Parfois, un enseignant peut amener des élèves à la bibliothèque pour qu'ils fassent une recherche ou une dissertation.

Je peux demander de l'aide au bibliothécaire.

Je peux obtenir de l'information avec l'ordinateur.

Je peux emprunter un livre ou un magazine. Si je veux emprunter un livre ou un magazine, voici ce que je dois faire :

1. Je dois apporter le livre ou le magazine au bureau du bibliothécaire ;
2. Le bibliothécaire prendra le livre ou le magazine ;
3. Le bibliothécaire me demandera ma carte avec ma photographie ;
4. Le bibliothécaire inscrira une date dans le livre ou dans le magazine ; je dois rapporter le livre avant cette date ;
5. Je peux apporter le livre ou le magazine avec moi à la maison.

J'aide à maintenir le silence dans la bibliothèque.

Les devoirs
Sarah Cain

Les devoirs sont une tâche importante à faire à la maison. Les devoirs m'aident à comprendre la matière. Ils m'aident à faire de mon mieux aux tests.

Parfois, j'ai beaucoup de devoirs. Parfois, j'en ai peu. Parfois, je n'ai pas du tout de devoir. Cela dépend des cours et des enseignants.

Parfois, j'ai un travail à faire en classe. Parfois je peux finir mon travail en classe.

Parfois, au cours des cinq dernières minutes de cours, l'enseignant me donnera un travail à faire. L'enseignant s'attend à ce que le travail soit fait pour le lendemain. Je devrai finir le travail à la maison.

Parfois, si l'enseignant me donne beaucoup de travaux, j'aurai une couple de jours pour les faire. Si je dois écrire un rapport, l'enseignant me donnera une date à laquelle je devrai l'avoir fini et pour lui remettre.

C'est important pour moi de faire mes devoirs et de les avoir finis à temps.

Le football

Nick Gummere

Quand je vais voir une partie de football, je dois d'abord acheter mon billet. Quand j'arrive à la barrière, je laisse la personne à la barrière prendre mon billet et en garder une moitié. Quand cela est fait, je remercie la personne et je prends la moitié de billet qu'elle me remet.

Je m'en vais et je cherche un siège. Je cherche des amis dans le stade et je vais m'asseoir avec eux ou je m'assois seul.

Quand la partie commence, j'encourage mon équipe favorite. Je l'encourage quand elle compte des points. J'espère qu'elle va gagner.

Je suis gentil avec les personnes qui m'entourent. Je pourrais parler de la partie de football.

Parfois, les gens doivent passer devant moi pour aller à leur siège. C'est correct. J'essaie de m'enlever de leur chemin.

Parfois, des gens sont debout, tout excités. Je fais la même chose quand les gens autour de moi sont debout.

Lorsque la partie est terminée, je vais vers la voiture pour retourner à la maison. Parfois, les gens poussent et se bousculent. J'essaie de rester calme. Ils essaient seulement de s'en aller comme moi.

J'ai un bon esprit sportif. Que je gagne ou que je perde, je reste poli avec l'autre équipe et ses partisans.

Plusieurs personnes aiment regarder le football. Je pourrais revenir encore la semaine prochaine.

Quand mon frère va au collège 126
Leslie Moore

Le collège est une grosse école où vont les gens après avoir gradué du secondaire. Il y a de nombreux collèges dans le monde.

Dans certains collèges on retrouve des endroits où on peut vivre près du collège. On appelle ces lieux des dortoirs. D'autres collèges n'ont pas de dortoirs.

Certains élèves n'ont pas les moyens de vivre dans les dortoirs, ils restent à la maison.

Si le collège est près de la maison, ce peut être une autre raison de rester à la maison.

Quand mon frère va au collège, il demeure au dortoir. Au collège, il apprend beaucoup de choses sur toutes sortes de sujets différents comme les mathématiques, l'histoire et les sciences. Il rencontre aussi de nouvelles personnes. Il fait du sport et joue à des jeux. Il étudie aussi.

Parfois, les frères et les soeurs sont contents que l'un de leurs frères ou de leurs soeurs aille au collège. Parfois ils sont fâchés parce qu'ils se sentent abandonnés.

C'est correct. La personne qui va au collège n'y reste pas tout le temps. Quelquefois, elle revient à la maison pour la fin de semaine ou les vacances.

Quand mon frère vient à la maison, je peux être avec lui. Mon frère est content quand il peut passer du temps avec moi.

Mon frère aime aussi passer du temps avec ses amis. Mon frère peut aussi vouloir être avec ses amis. Je le laisse faire, même si j'aimerais qu'il soit avec moi.

Parfois, je peux me sentir triste quand mon frère part pour le collège. Maman et papa se sentent tristes aussi. Mon frère nous écrit et nous téléphone. Quand il fait ça, il nous dit qu'il nous aime et quand il reviendra nous visiter.

Se balader en voiture

Lisa Verbrugge

Parfois, je me promène en voiture. Je monte dans la voiture et j'attache ma ceinture de sécurité.

Maman aime ça quand je suis assis tranquille lorsqu'elle conduit.

Je peux regarder dehors par la fenêtre. Se promener en voiture peut être amusant.

J'attends jusqu'à ce qu'on me dise de sortir de la voiture. Maman est très heureuse quand je me conduis bien en voiture.

Rendre une promenade en voiture plus amusante

David Valko

Il existe plusieurs façons de rendre une promenade en voiture plus amusante.

Je peux écouter la radio. Quelle chanson est-ce que j'entends ?

Certaines personnes aiment jouer à des jeux. Certaines personnes lisent. Certaines personnes même dorment.

La plupart des personnes aiment que ce soit tranquille dans la voiture lorsqu'elles conduisent. Je peux être tranquille.

Parfois les promenades en voiture ne durent que quelques minutes.

Parfois, je me promène en voiture pendant longtemps.

Faire un long voyage en voiture

Angie Evers

Parfois, nous faisons un long voyage en voiture. Je peux apporter des cartes, un livre, une radio avec des écouteurs, des jeux de société ou un jouet.

Je monte dans la voiture.

Je m'assois. Je mets ma ceinture de sécurité.

Je peux jouer tranquille. Je peux parler calmement avec les autres personnes dans la voiture. Je peux écouter de la musique.

Si je dois aller aux toilettes, je le dis à quelqu'un avant d'avoir vraiment envie.

Quand la voiture est arrêtée, je sors de la voiture avec un adulte. Je vais aux toilettes.

Quand j'ai terminé des toilettes, je reviens à la voiture.

J'entre dans la voiture. Je remets ma ceinture de sécurité et j'attends patiemment que tout le monde soit revenu dans la voiture.

Aller en voyage
130
Denise Gemmen

Parfois, mes parents veulent que j'aille en voyage avec eux.

Parfois, je dois ranger quelques vêtements et autres choses dans une valise.

Parfois, je dors dans un hôtel, une tente ou un campeur.

Parfois, je voyage longtemps en voiture ou en avion.

J'apporterai plusieurs choses à faire.

Plusieurs personnes trouvent les voyages amusants.

Voyager en autobus   131
Carrie Ebels

Parfois nous voyageons en autobus pour aller à l'école, au travail ou ailleurs.

Quand je voyage en autobus, je m'assois tranquille. Les gens autour de moi et le chauffeur d'autobus seront contents si je suis tranquille.

Parfois je suis assis à côté de quelqu'un dans l'autobus. Je peux être assis à côté de quelqu'un de jeune, de vieux, de petit ou de grand. Être assis à côté de quelqu'un dans un autobus peut être plaisant.

Quand je voyage en autobus j'ai besoin de savoir où je vais pour descendre au bon endroit.

Voyager en autobus peut être agréable pour tout le monde si nous suivons les règles et savons ce que nous faisons.

Prendre l'autobus de la ville 132
Kelly Reagan

J'attends l'autobus à l'arrêt d'autobus.

Mon argent est prêt. Avoir la monnaie exacte fait gagner du temps.

Je paie mon passage. Tout le monde qui voyage avec l'autobus de la ville doit payer son passage.

Je mets mon argent dans la boîte près du chauffeur.

Je cherche un siège dans l'autobus. S'il n'y a pas de place, je peux rester debout.

Le chauffeur d'autobus arrête l'autobus à plusieurs endroits différents.

Je reste assis ou debout dans l'autobus jusqu'à ce que j'arrive à mon arrêt.

Je descends de l'autobus.

Faire la file
Kristine VanderVelde

Parfois je dois faire la file. Ce peut être pour le dîner à l'école ou au restaurant.

Quand je fais la file, je suis derrière la dernière personne. D'autres personnes peuvent aussi être derrière moi. Il peut y avoir des personnes devant et derrière moi.

Parfois, je peux être la première personne de la file. Parfois je peux être la dernière personne de la file. Parfois je peux être au milieu de la file.

Si j'attends pour acheter de la nourriture, j'attends patiemment jusqu'à ce que ce soit mon tour.

Parfois je peux choisir la nourriture que je veux. Parfois je la choisis d'un menu et parfois je la prends pendant que je fais la file et que nous avançons.

Quand j'arrive devant le caissier, je paie ma nourriture.

Je m'assois à une table ou je prends ma nourriture pour aller manger ailleurs.

Descendre l'escalier   134
Matthew McAlpine

La plupart des gens utilisent l'escalier de temps en temps. Ils utilisent l'escalier quand ils veulent monter ou descendre d'étage dans un édifice.

Les escaliers peuvent être de couleurs et de formats différents. Certains escaliers peuvent être plus longs que les autres. Tous les escaliers peuvent être utilisés pour descendre ou pour monter.

La plupart des personnes qui prennent l'escalier hésitent à la première marche. Elles hésitent pour voir où se trouve la première marche.

Quand la personne a vu où se trouvait la première marche, elle se tient après la rampe. La plupart des personnes tiennent la rampe lorsqu'elles descendent l'escalier. Quand une personne utilise la rampe, elle ferme la main dessus. Elle tient la rampe pour garder l'équilibre.

Après que la personne a tenu la rampe, elle plie un genou juste un peu. C'est correct si elle plie les deux genoux. Après avoir plié ses genoux, elle met le pied sur la première marche.

La personne met ensuite le deuxième pied sur la seconde marche. Quand une personne fait cela, elle tient d'habitude la rampe pour garder son équilibre et être en sécurité.

Après que la personne a mis le pied sur la seconde marche, elle laisse glisser sa main sur la rampe et met son corps par en avant.

La personne fait cela jusqu'à ce qu'elle ait descendu complètement l'escalier.

Quand une personne arrive à la dernière marche et qu'elle met le pied sur le plancher, elle enlève le second pied et le met par terre.

Quand la personne a quitté l'escalier, elle enlève sa main de sur la rampe et elle peut s'éloigner de l'escalier.

Prendre l'escalier roulant 135
Brian S. Snowden

Ce scénario parle d'un escalier mobile appelé un escalier roulant. L'escalier roulant monte et descend.

Je prends l'escalier roulant avec mes parents. Je marche vers l'escalier roulant. Je vérifie si mes souliers sont attachés.

Je mets mes mains sur la rampe mobile pour garder l'équilibre. Je mets mon pied droit sur la marche mobile. Ensuite, je mets mon pied gauche sur la même marche mobile.

Parfois, d'autres personnes sont dans l'escalier roulant avec moi.

Quand l'escalier roulant arrive à l'étage suivant, je descends de l'escalier roulant.

Les escaliers roulants
Chad Slagter

Parfois je dois prendre l'escalier roulant. Je prends l'escalier roulant avec quelqu'un d'autre.

Je mets ma main sur la rampe mobile pour garder l'équilibre et je monte sur la première marche mobile. Ensuite, je mets mon autre pied sur la même marche.

Je me tiens calmement sur la marche quand la marche mobile arrive à l'étage.

Quand j'arrive à l'étage, je descends de l'escalier roulant un pied à la fois.

Comment prendre l'ascenseur

Kelly Reagan

Je me rends à l'ascenseur. Sur le mur, il y a deux boutons. Je pousse sur le bouton pour monter ou sur celui pour descendre.

J'attends que les portes de l'ascenseur s'ouvrent. J'entre dans l'ascenseur.

Dans l'ascenseur, je vois plusieurs boutons. Sur chacun des boutons il y a un numéro pour chaque étage de l'édifice.

Je pousse sur le bouton avec le numéro de l'étage où je veux aller. Si je veux aller au 3e étage, je pousse sur le bouton « 3 ». Les portes de l'ascenseur se ferment automatiquement.

Au-dessus des portes de l'ascenseur, je peux voir le numéro de l'étage s'allumer. Quand l'ascenseur est arrivé à l'étage que j'ai choisi, le numéro de cet étage s'allume.

L'ascenseur s'arrête à l'étage et les portes s'ouvrent.

Je sors de l'ascenseur à l'étage que j'ai choisi.

Traverser la rue
Lauri Berles

Il y a des rues près de ma maison. Les rues sont l'endroit où les voitures, les camions et les motocyclettes circulent. Beaucoup de voitures circulent dans une rue.

Jouer sur la pelouse est sécuritaire. La pelouse se termine lorsqu'elle arrive à la rue.

Je demande à maman et à papa si je peux traverser la rue. Ils peuvent traverser la rue avec moi.

Avant de traverser la rue, nous regardons s'il vient des voitures. S'il vient des voitures, nous attendons avant de traverser.

Si la balle ou le jouet que je veux est de l'autre côté de la rue, je dis à un adulte que j'aimerais traverser la rue. Avant de traverser de l'autre côté de la rue, nous regardons ensemble s'il vient des voitures.

Quand nous traversons la rue, nous marchons. Je m'arrête quand je suis arrivé en sécurité de l'autre côté de la rue.

À l'église
Erika Broek

139

Parfois je vais à l'église. Quand je vais à l'église je porte de beaux vêtements.

Parfois je demande à mes parents de m'aider à choisir les vêtements que je vais porter.

Quand je vais à l'église, je suis ma famille ou mes amis et je m'assois à un banc. Je peux m'asseoir près de quelqu'un que je ne connais pas. Je peux lui sourire et lui dire doucement : « Bonjour ! » Si la personne me parle, j'écoute. Quand elle arrête de parler, c'est à mon tour de parler si je le veux.

La plupart du temps, je suis assis tranquille à l'église. Parfois une chorale ou quelqu'un d'autre chante une chanson. Je dois applaudir seulement quand les autres personnes applaudissent. Parfois, je peux aussi chanter avec le maître de chorale. Quand je chante, je me tiens debout. Je suis les mots écrits dans le livre de chants. Je peux aussi seulement écouter.

Quand la messe est finie, je sors de l'église avec quelqu'un d'autre. Nous devons marcher très lentement. Quand je suis dehors, je peux parler avec ma voix normale.

Aller à la bibliothèque
Leslie Moore

La bibliothèque est un endroit où il y a beaucoup de livres. Les livres des bibliothèques peuvent être empruntés pour quelque temps. Certaines bibliothèques ont aussi des enregistrements, des magazines et des journaux. Dans les bibliothèques, on peut aussi lire et étudier.

La bibliothèque est un endroit tranquille. Quand je suis à la bibliothèque, c'est important que je chuchote.

Quand je trouve un livre que j'aime, je vais au comptoir et je le donne à la personne derrière le comptoir. Elle a besoin de ma carte de bibliothèque pour que je puisse emprunter le livre. Je lui donne ma carte ou l'une des cartes de mes parents. Parfois j'emprunte plus d'un livre.

Plusieurs personnes aiment la bibliothèque.

Une visite à la bibliothèque

Ken Monroe

La bibliothèque est un grand endroit où on peut lire, écrire ou étudier. Dans la bibliothèque, il peut y avoir beaucoup de personnes. Il peut y avoir aussi seulement quelques personnes. Ces personnes peuvent lire, écrire ou étudier et elles ont besoin de tranquillité. Il est important d'être tranquille et de chuchoter à la bibliothèque.

Il y a beaucoup de livres dans une bibliothèque. Je peux regarder plusieurs des livres dans la bibliothèque. Je peux lire certains des livres de la bibliothèque.

Je peux apporter à la maison certains livres de la bibliothèque pour les lire. Quand j'apporte ces livres à la maison, je dois les rapporter à la bibliothèque à une certaine date. Les livres doivent être retournés à une certaine date pour que d'autres personnes les prennent pour les lire eux aussi. Si je le demande au bibliothécaire, il me dira quand je dois rapporter mes livres à la bibliothèque.

Une lettre prête à envoyer

Anne Dykhouse

Ce scénario explique comment préparer une lettre à être envoyée. Ma lettre peut être trop grande pour l'enveloppe. Je plie ma lettre pour qu'elle entre dans l'enveloppe.

L'enveloppe peut être grande ou petite. Elle peut être blanche ou d'une autre couleur.

Je dois coller le dessus de l'enveloppe pour que la lettre ne sorte pas de l'enveloppe. Il peut y avoir de la colle sur le rabat de l'enveloppe. Cette colle sert à bien fermer l'enveloppe.

Avec ma langue, je lèche la colle sur le rabat de l'enveloppe. Il se peut que cela goûte sucré. C'est correct. La colle peut être léchée. Je presse le rabat de l'enveloppe pour la fermer. La colle fermera bien l'enveloppe.

Je retourne l'enveloppe. Maintenant, je dois écrire l'adresse de la personne à qui j'envoie la lettre pour que le facteur sache dans quelle boîte à lettre laisser l'enveloppe.

Premièrement, j'écris le prénom et le nom de la personne à qui j'envoie la lettre au milieu de l'enveloppe. Il y a un espace en dessous du nom pour écrire l'adresse de la personne à qui j'envoie la lettre.

J'écris le numéro de la maison et le nom de la rue. En dessous de ça, j'écris le nom de la ville et de la province où vit la personne. Le nom de la province peut être écrit en abréviation ou au complet.

Après le nom de la province, j'écris le code postal. Le code postal est composé de lettres et de chiffres. Il aide le facteur à retrouver la bonne boîte à lettre ou il doit laisser la lettre.

Je dois mettre un timbre dans le coin droit, en haut de l'enveloppe. Je lèche le côté encollé du timbre, comme j'ai léché la colle du rabat de l'enveloppe. Sur le côté où il n'y a pas de colle, il devrait y avoir une belle image.

Quand j'ai collé le timbre sur l'enveloppe, ma lettre est prête à être envoyée à la personne à qui j'ai écrit. Je dois demander à quelqu'un de la mettre dans la boîte aux lettres pour que le facteur vienne la prendre.

Aller au bureau de poste 143
Kelly Reagan

Je veux envoyer une lettre par la poste.

Je dois mettre un timbre sur ma lettre. Si j'ai besoin de plus de timbres, je peux les acheter au bureau de poste.

Je vais au bureau de poste et je mets ma lettre dans la boîte à lettre.

Le service postal s'assurera de rendre ma lettre à destination.

Poster une lettre ou une carte   144
Sarah Cain

Le bureau de poste est un endroit très occupé. Les gens vont au bureau de poste pour plusieurs raisons.

Je peux poster une lettre ou une carte au bureau de poste.

Il doit toujours y avoir un timbre sur une lettre. Le prix des timbres pour la plupart des lettres est de 47 ¢ chacun. Je n'ai qu'à lécher le côté encollé pour qu'il colle sur l'enveloppe. Je mets le timbre dans le coin droit en haut de l'enveloppe.

Quand le timbre est sur l'enveloppe, je peux poster la lettre.

Si j'oublie de mettre le timbre, le bureau de poste me retournera la lettre.

Me faire couper les cheveux 145
Amy Lindrup

Je me fais couper les cheveux quand ils sont très longs.

Quand je vais me faire couper les cheveux, je vais chez un barbier ou au salon de coiffure. Chez le barbier, il y a des barbiers qui me coupent les cheveux. Au salon de coiffure, il y a des coiffeuses qui me coupent les cheveux.

Avant de me couper les cheveux, habituellement ils me les lavent. Quand ils lavent mes cheveux, je porte une cape en plastique pour éviter de mouiller mes vêtements.

Je m'assois sur une chaise qui monte et qui descend pour que le barbier ou la coiffeuse puisse me couper les cheveux plus facilement.

Je me sens bien pendant qu'on me coupe les cheveux.

Quand le barbier ou la coiffeuse a fini de me couper les cheveux, j'ai une plus belle apparence. Parfois ils me donnent un suçon ou un bonbon.

Chez le barbier   146
Kelly Reagan

J'ai besoin de me faire couper les cheveux parce qu'ils sont trop longs.

Je prends un rendez-vous chez un barbier. Le barbier peut être un homme ou une femme.

Je m'assois sur une chaise faite spécialement pour les personnes qui veulent se faire couper les cheveux.

Le barbier peut me laver les cheveux.

Le barbier me coupera les cheveux pour que j'aie une belle apparence.

Le barbier doit toucher mes cheveux pour les couper.

Je dois payer le barbier pour qu'il me coupe les cheveux.

Chez le dentiste
Betsy Morse

J'ai des dents dans ma bouche. Ces dents sont faites pour mâcher la nourriture.

C'est très important que je garde mes dents propres. J'ai ma propre brosse à dent. Pour garder mes dents propres, je les brosse chaque jour.

Parfois je vais chez le dentiste. Il est très important que j'aille chez le dentiste. Mon dentiste a une formation spéciale pour nettoyer mes dents.

Quand je vais chez le dentiste, je marche lentement dans le bureau. Je m'assois sur une chaise et j'attends que ce soit mon tour.

Quand c'est mon tour, je suis le dentiste ou son assistant dans un local spécial. Je m'assois sur une chaise. Le dentiste aime que je m'assois tranquille.

Quand le dentiste me le demande, j'ouvre grand ma bouche. Le dentiste utilise une brosse spéciale pour me nettoyer les dents. Elle est différente de celle que j'utilise à la maison. Parfois, je choisis la saveur de dentifrice que je veux. Parfois, elle goûte la gomme baloune. Parfois, elle goûte les fraises.

Parfois, le dentiste met un morceau de carton spécial dans ma bouche que je dois tenir entre mes dents. Le dentiste prend une photographie de mes dents avec un appareil spécial. Cela s'appelle un rayon-X. Je fais ce que le dentiste me demande de faire. Quand le dentiste a fini, j'ai les dents propres.

Quand je souris, les gens voient mes dents propres.

Je quitte tranquillement le cabinet du dentiste.

Une visite chez le dentiste

Leslie Moore

Je vais chez le dentiste deux fois par année pour un examen. Il vérifie si je n'ai pas de carie. Les caries sont des trous dans les dents.

Maman vient me chercher chez le dentiste. Quand je suis assis dans la salle d'attente, je suis très tranquille. Je parle tout bas. Je regarde des magazines et j'attends patiemment. Maman est fière quand je suis tranquille.

Quand je vais chez le dentiste, il peut me poser des questions. Il est content quand je lui réponds doucement.

Le dentiste nettoie mes dents avec une brosse à dent spéciale et du dentifrice spécial. Il utilise une brosse à dent électrique spéciale. Elle fait un fort bruit de vrille. Je reste encore assis. Il enlève toute la pâte à dent de ma bouche avec une paille. Mes dents sont très propres quand il a fini.

Certains enfants aiment aller chez le dentiste. Le dentiste aime aussi beaucoup les enfants.

Une visite chez le dentiste

Adam P. Opacki

Je vais chez le dentiste trois fois par année. Le dentiste est gentil. Il est aimable avec moi.

Quand je vais chez le dentiste, je m'assois dans la salle d'attente. Parfois, je regarde des livres. Parfois, je joue avec des jouets. Je suis tranquille.

J'écoute le dentiste. Le dentiste travaille sur mes dents pour qu'elles aient une belle apparence. Le dentiste utilise parfois un petit appareil qui soigne mes dents. Cet appareil se nomme une fraise. La fraise fait du bruit, mais pas longtemps.

J'essaie de bien me comporter chez le dentiste.

Aller chez le médecin

Lisa Eikenberry

Je vais chez le médecin pour m'assurer que je suis en santé.

Je m'assois dans la salle d'attente quand le médecin est occupé. Parfois je regarde ou je lis un livre ou un magazine. Je parle tout bas dans la salle d'attente.

Quand l'assistante appelle mon nom, je la suis. Je vais dans la salle où elle me demande d'aller. Je m'assois et j'attends le médecin.

Je peux dire : « Bonjour ! » quand le médecin arrive. J'essaie de faire ce que le médecin me demande de faire. Je réponds aux questions que me pose le médecin ou son assistante.

Parfois le médecin examine mes oreilles, ma gorge et mes yeux. Le docteur vérifie plusieurs choses. Parfois le docteur vérifie des choses différentes de celles qu'il a vérifiées la dernière fois.

Si je suis malade, le médecin peut donner à ma mère des médicaments ou une ordonnance pour qu'elle achète des médicaments.

Quand le médecin a terminé, je peux lui dire : « Merci ». Quand il me dit que je peux m'en aller, je pars tranquillement.

Quand je suis malade   151
Julie Prater

Si je me sens malade, je le dirai à maman ou papa.

Quand ils sont malades, les gens prennent parfois des médicaments pour se sentir mieux.

Quand je me sens malade, je prends mes médicaments et je me repose. Maman est là pour m'aider à ce que je me sente mieux.

Parfois, je dois aller voir le médecin avant de prendre des médicaments pour me sentir mieux.

Je ferai ce que le médecin me demandera de faire.

Après avoir pris mes médicaments, je commencerai probablement à me sentir mieux.

Bientôt, je me sentirai bien à nouveau.

Magasiner à l'épicerie 152
Alicia Mai

Je vais à l'épicerie. J'entre tranquillement dans le magasin.

Je marche avec ma mère et mon père. Nous poussons un chariot. Nous poussons le chariot doucement.

Quand maman et papa cherchent des produits, je les aide.

Quand maman et papa ont trouvé la nourriture qu'ils voulaient, nous allons dans la file d'attente. J'aide maman et papa à mettre les achats sur le comptoir. J'attends patiemment.

Quand maman et papa ont payé l'épicerie, nous quittons tranquillement le magasin et nous sommes joyeux.

Aller à l'épicerie 153
Amy Liefer

Parfois, maman m'amène à l'épicerie. À l'épicerie, maman achète différentes choses. Elle peut acheter des légumes, de la viande et même des grignotines.

J'attends que maman mette la nourriture dans le chariot. Parfois maman me laisse mettre la nourriture dans le chariot. Je mets les choses dans le chariot seulement si maman me dit de le faire.

Je marche lentement tout près de maman.

Quand maman a fini de prendre la nourriture, nous allons faire la file. Parfois, la file d'attente est longue. D'autres personnes sont là aussi pour payer leur nourriture. Quand je fais la file d'attente, je suis sage.

Parfois, maman me laisse mettre la nourriture sur le comptoir. Je fais très attention.

Maman aime que je l'aide quand nous allons à l'épicerie.

Le bon moment pour manger à l'épicerie

154

Leslie Moore

Je vais à l'épicerie. Je regarde les comptoirs de nourriture.

Parfois, quand je vais à l'épicerie, j'ai faim. Je dois attendre pour manger la nourriture que je vois. Je dois attendre jusqu'à ce que maman me dise que je peux manger quelque chose.

Quand maman et moi allons dans la section des fruits, la plupart des fruits et légumes sont étalés. Parfois je vois aussi des bonbons. Ils ne sont pas emballés parce que les gens veulent en prendre la quantité qu'ils désirent. Parfois les gens veulent seulement quelques raisins ou bien quelques bonbons. Ils mettent la nourriture qu'ils veulent dans des sacs et paient à la caisse. Les gens mangent leur nourriture après l'avoir payée.

Les gens doivent payer la nourriture qu'ils ont achetée avant de la manger.

Parfois les magasins donnent des échantillons. Les échantillons peuvent être mangés tout de suite, c'est correct. Les échantillons sont gratuits.

Maman me dira ce que je peux manger à l'épicerie. Maman est contente quand je mange la nourriture au bon moment.

Je fais mon marché seul

Kelly Rodger

Quand je vais au supermarché, c'est généralement en auto et accompagné d'un adulte.

Il y a beaucoup de clients au supermarché.

À l'entrée, je prends un panier pour y mettre mes achats.

Je suis attentif au choix des produits qui sont sur ma liste. Si je n'arrive pas à trouver un article, je m'informe auprès d'un employé. Je peux les reconnaître parce qu'ils portent un badge avec leur nom dessus. Ils m'aideront à trouver ce que je cherche.

Quand je trouve un article qui est sur ma liste, je le prends sur l'étagère et je le mets dans mon panier.

Quand j'ai trouvé tous les articles dont j'ai besoin, je me rends à la caisse.

Je sors mes produits d'épicerie du panier et je les pose sur le comptoir. Le caissier prend mes achats et les met dans un sac. Avant de partir, je dois payer mon épicerie.

S'il y a plusieurs sacs, quelqu'un m'aidera à les porter à l'auto. S'il y a seulement quelques sacs, je peux les porter moi-même dans l'auto.

Distributrices de boules de gomme

Lynn Rickert

Parfois, lorsque je vais au magasin, je vois des distributrices à boules de gomme.

Si c'est une machine à 10 cents, je mets une pièce de 10 cents dans la fente de la machine. Parfois, les boules de gomme coûtent plus cher, et parfois moins cher. Il y a une étiquette avec le prix sur la machine.

Après, je mets ma main sous le trou d'où les boules de gomme vont sortir. J'abaisse le levier, et les boules de gomme sortent. Parfois, la machine a un bouton que je dois tourner au lieu d'un levier que je dois baisser.

Avec ma main libre, je lève le couvercle. Les boules de gomme tombent dans ma main. Je mets une boule de gomme dans ma bouche et je commence à la mâcher.

J'achète des vêtements dans un grand magasin

Kelly Mennega

Je magasine dans un grand magasin. Ils ont beaucoup de vêtements pour les garçons et les filles.

Quand je magasine avec quelqu'un, je reste près de lui.

J'essaie les vêtements pour voir s'ils sont trop grands, trop petits ou juste à ma taille.

Si les vêtements me vont bien, je pourrai les acheter.

Je vais au centre d'achat 158
Eric Pennel

J'aime aller au centre d'achat.

Il y a toutes sortes de gens différents au centre d'achat.

Quand je vais au centre d'achat, je reste près de la personne qui m'accompagne.

Quand je vais au centre d'achat, je ne parle pas trop fort.

Si j'entre dans un magasin, je fais attention si je touche des choses.

Pourquoi certains magasins sont-ils fermés le dimanche ?

Erika Broek

Je vais au magasin quand j'ai quelque chose à acheter. Parfois j'y vais avec ma famille et parfois j'y vais avec mes amis.

Il y a beaucoup d'employés qui travaillent au magasin et qui peuvent m'aider à faire mes achats.

Beaucoup de magasins sont ouverts pendant la journée et quelques magasins sont ouverts le soir.

Le dimanche peut être un jour spécial pour certains magasins. Certains magasins sont fermés le dimanche. Les gens qui travaillent dans ces magasins vont à l'église le dimanche, et ils ferment le magasin.

Certains magasins sont ouverts le dimanche pendant la journée, mais ils sont fermés le dimanche soir. Certains magasins sont fermés le dimanche soir pour y faire le ménage et se préparer à une nouvelle semaine de travail.

Les heures d'ouverture des magasins peuvent changer d'un magasin à l'autre. Je dois vérifier les heures d'ouverture si j'ai des achats à faire.

Je vais au McDonald's 160
Tricia Glupker

Parfois les gens mangent au McDonald's.

Quand je vais dans un McDonald's, je vois des gens qui font la file. Ils attendent leur tour pour dire à la personne derrière le comptoir ce qu'ils veulent manger. Je dois rester dans la file et attendre mon tour.

Il y a un menu au-dessus du comptoir. Je choisis ce que je veux manger sur ce menu.

Quand j'arrive au comptoir, une personne me demande ce que je veux commander. Je lui dis ce que je veux. Elle met ce que j'ai commandé sur mon plateau. Je paie ma commande.

Je prends mon plateau et je m'assois à une table. Il y a beaucoup de tables au McDonald's.

Je dois bien me tenir à table, ce sera apprécié par les personnes qui sont autour de moi.

Je mange au Burger King 161
Cori Starks

Quand j'entre au Burger King, je me place derrière la dernière personne de la file d'attente. J'avance quand cette personne avance, mais je reste derrière elle.

Quand j'arrive au comptoir, c'est mon tour de passer ma commande. J'attends que l'employé me dise : « Puis-je vous aider ? »

Je lui dis ce que je veux manger. Quand j'ai fini de passer ma commande, je peux dire : « C'est tout. »

L'employé me dit combien je dois payer. Je lui donne l'argent. J'attends patiemment que l'employé me donne ce que j'ai commandé.

Quand l'employé a fini de mettre sur le plateau tout ce que j'ai commandé, je prends le plateau et je me dirige vers les tables. Je choisis une table libre et je m'assois ou je vais rejoindre un ami à sa table.

Je dépose mon plateau sur la table et je mange.

Quand j'ai fini de manger, je jette mes emballages à la poubelle. Je dépose mon plateau vide sur le dessus du meuble qui contient la poubelle.

Chez Valentine

Deborah Huene

Je me rends chez Valentine. J'ouvre la porte. S'il y a quelqu'un derrière moi, je lui tiens la porte ouverte et j'entre.

Quand je suis à l'intérieur, je regarde le menu. Je décide ce que je vais manger.

J'attends patiemment en file jusqu'à ce que ce soit mon tour de passer ma commande. Quand c'est mon tour, je dis à l'employé ce que je veux manger. L'employé écrit ma commande.

L'employé me dit combien je dois payer. Je compte mon argent soigneusement et je le donne à l'employé. Il va me rendre la monnaie.

L'employé me donne mon plateau. Je cherche une table libre, je dépose mon plateau et je m'assois.

Quand j'ai fini de manger, je prends mon plateau et je le vide dans la poubelle. Je dépose mon plateau sur le dessus du meuble qui contient la poubelle.

Je quitte le restaurant Valentine.

J'utilise une machine distributrice d'aliments

Laurie Beverwyk

Parfois, lorsque j'ai faim ou soif, j'utilise une machine distributrice. Il y a plusieurs sortes de machines distributrices. Il y en a pour les friandises, pour le jus ou le maïs soufflé et pour toutes sortes d'autres aliments.

J'ai besoin de monnaie pour utiliser ces machines. Certaines machines prennent des pièces de 25 cents, d'autres des pièces de 1 $. Je mets dans la machine un montant suffisant pour payer ce que j'ai choisi.

Les machines distributrices ont plusieurs boutons. Je pousse certains boutons pour choisir ce que je veux. Parfois, je pousse un bouton; parfois, j'en pousse deux ou trois. Après avoir poussé les bons boutons, je prends ma nourriture ou ma boisson.

Certaines machines ont une fente dans le bas, où je dois prendre la nourriture ou la boisson que j'ai choisie.

Les machines distributrices sont pratiques quand je veux quelque chose à boire ou à manger.

Je vais au cinéma
Kelly Mills

Beaucoup de personnes aiment aller au cinéma. Cela peut être amusant.

Il y a beaucoup de monde dans les cinémas. Certains aiment manger du maïs soufflé en regardant un film et d'autres préfèrent manger des bonbons.

Avant de pouvoir entrer dans la salle, je dois acheter mon billet. Parfois, je dois attendre en file pour acheter mon billet. En général, les files d'attente avancent assez rapidement. Quand mon tour est arrivé, je dis à l'employé quel film je veux voir. Je lui donne l'argent pour payer mon billet.

L'employé me dit dans quelle salle mon film est projeté. Il y a également des affiches qui me disent quel film est projeté dans chaque salle.

Quand j'arrive à ma salle, je tends mon billet à l'employé qui est à la porte. J'entre dans la salle.

Quand je suis à l'intérieur, je choisis un siège.

Si j'ai besoin de parler, je parle tout bas. Je reste assis tranquille et je profite du film.

Je vais voir un film

Marie Perriol

Le cinéma est très grand. Il y a plusieurs salles dans ce cinéma. Chaque salle a un numéro. On présente un film différent dans chaque salle.

Je vais à la salle dont le numéro est indiqué sur mon billet.

Avant que j'entre dans la salle, une personne me demande mon billet. C'est un homme ou une femme qui porte un uniforme. Je lui donne mon billet et j'attends. La personne déchire mon billet. Il faut qu'elle déchire les billets, car on ne peut pas aller voir deux films avec le même billet. La personne me rend la moitié de mon billet. Maintenant, je peux entrer dans la salle.

Il y a beaucoup de sièges dans la salle. Des gens peuvent être assis sur ces sièges. Il fait assez sombre dans la salle, mais assez clair pour que je puisse trouver mon chemin. Je choisis un siège libre. Je dois choisir un siège où personne n'est assis, et où il n'y a pas de manteau.

D'autres personnes peuvent entrer dans la salle après moi. Elles peuvent vouloir s'asseoir dans la même rangée que moi. Elles marcheront entre les rangées et passeront devant moi. Il n'y a pas beaucoup d'espace entre les rangées, et il peut arriver qu'elles me marchent sur les pieds ou qu'elles me touchent. Ce n'est pas leur faute, il n'y a pas assez d'espace.

Tout à coup, la salle devient plus sombre, le film va bientôt commencer. Tout le monde s'arrête de parler. On doit toujours parler très bas au cinéma.

Les gens n'aiment pas que quelqu'un se lève pendant le film, car cela les empêche de voir l'écran.

Quand le film est terminé, les lumières se rallument. Je quitte le cinéma.

Le cinéma   166
Laurie Beverwyk

Quand je vais au cinéma, j'attends patiemment dans la file d'attente pour acheter mon billet.

Quand j'ai mon billet, je peux me diriger vers la salle. Ça sent le maïs soufflé ; j'en achète parfois.

Quand c'est presque l'heure du début du film que je veux voir, je donne mon billet à l'employé et j'entre dans la salle.

Je m'assois et j'attends calmement que le film commence. Je peux entendre des gens parler et rire.

Quand le film commence, les gens se taisent.

Pendant le film, certaines personnes rient ou pleurent.

C'est préférable de rester le plus tranquille possible pendant le film, car les autres veulent entendre le film.

Quand le film est terminé, je me lève et je sors de la salle.

Le cinéma   167
Kristen Tuinstra

Quand je vais au cinéma, je dois acheter un billet. Pour acheter mon billet, je dois souvent attendre en file.

Quand j'ai mon billet, je peux vouloir acheter du maïs soufflé et une boisson gazeuse. Le maïs soufflé sent bon et beaucoup de gens aiment en manger. La boisson est gazeuse, ça peut chatouiller ma gorge quand je l'avale.

Quand j'ai acheté mon maïs soufflé et ma boisson gazeuse, je donne mon billet à l'employé et j'entre dans la salle.

Je peux sourire à la personne qui prend mon billet, car c'est gentil de sourire.

Quand je suis entré dans la salle, je m'assois et je mange mon maïs soufflé et je bois ma boisson gazeuse.

Pendant le film, je dois rester tranquille pour ne pas empêcher les autres d'entendre le film.

Une visite au cinéma

Denise Andringa

Aller au cinéma peut être amusant. Il y a toutes sortes de films qu'on peut choisir.

Habituellement, on doit attendre en file pour acheter son billet afin de voir le film.

Parfois, je m'achète une collation à manger pendant le film.

Même s'il y a beaucoup de monde dans la salle, on peut quand même trouver des sièges libres.

Avant le début du film, il peut y avoir de la musique forte et des images sur l'écran.

Quand les lumières baissent, je sais que le film va bientôt commencer.

On doit rester assis tranquille et regarder le film. Parfois, les gens rient quand le film est drôle. Je peux rire aussi.

Quand le film est terminé, les gens rentrent chez eux.

Aller au zoo 169
Jill Rabidue

Parfois je vais au zoo avec mes parents. Le zoo est un endroit amusant où on voit des animaux.

Nous allons au zoo en auto. Maman, papa et moi traversons le stationnement pour nous rendre à l'entrée du zoo.

Je reste près de mes parents tout le temps que dure la visite au zoo.

Je vois des animaux, toutes sortes d'animaux. Il peut y avoir des singes, des ours, des tigres et aussi des poissons.

Quand maman et papa disent qu'il est temps de retourner à la maison, nous quittons le zoo. Je peux passer des journées très amusantes au zoo.

Une visite au musée
Susana Barbara Montes Fito

Un musée est un endroit intéressant à visiter. Un musée est un édifice où on garde des collections d'objets de la nature, d'objets scientifiques ou des objets rares ou étranges.

On peut aussi y voir des expositions d'objets d'art.

Les musées ne sont pas tous pareils. Ils sont différents parce qu'ils exposent des choses différentes. Il y a toutes sortes de musées.

Dans certains musées, il y a des antiquités comme des objets, des outils ou des images du passé. Ils nous apprennent beaucoup sur les événements du passé et nous montrent comment vivaient nos ancêtres. Dans beaucoup de musées, il y a des peintures, des sculptures et des chefs-d'oeuvre. Tous ces objets ont généralement beaucoup de valeur.

Dans d'autres musées, on peut voir des objets innovateurs comme des inventions et des applications technologiques.

Les gens doivent payer pour visiter certains musées.

Les musées sont ouverts au public à certaines heures. Beaucoup de personnes aiment aller au musée. Les gens aiment regarder toutes les choses qui sont exposées. Ainsi, ils augmentent leurs connaissances et améliorent leur culture.

Quand c'est permis, les gens peuvent prendre des photos des objets qui leur plaisent.

Dans certains musées, un guide historien peut parler aux visiteurs des objets qui sont présentés dans les collections. Les visiteurs peuvent poser des questions.

Dans beaucoup de musées, on peut acheter des revues, des dépliants ou des livres qui nous donnent de l'information sur les collections présentées au musée.

Dans un musée, on doit parler bas et se déplacer lentement en examinant les objets exposés.

Nous ne devons pas toucher aux objets exposés; ils sont souvent très rares et coûtent parfois très cher.

Beaucoup de personnes trouvent les musées amusants et intéressants. Ils apprécient les objets qui y sont conservés.

Les quilles
Chris Fleck

Beaucoup de gens aiment jouer aux quilles.

Jouer aux quilles est amusant.

Je choisis une boule de quilles qui convient à la grandeur de ma main.

Quand c'est mon tour, je me place au début de l'allée.

Je lance la boule sur l'allée.

Je suis content si ma boule fait tomber des quilles.

Il est possible qu'aucune quille ne tombe.

Je peux essayer deux fois de faire tomber les quilles. S'il y a encore des quilles debout après un essai, je peux lancer la boule encore une fois.

En général, les gens sont heureux quand ils jouent aux quilles.

Conseils pour jouer aux quilles

Brian Paauwe

Jouer aux quilles peut être amusant.

Près de l'allée de quilles, je choisis une boule dans le support.

Je m'assure que mes doigts sont à l'aise dans les trous de la boule. Je vérifie que je peux entrer et sortir mes doigts des trous facilement.

J'apporte ma boule à l'endroit prévu pour attendre mon tour. Je peux observer les autres joueurs en attendant mon tour.

Je m'assure que personne à côté de moi ne se prépare à jouer. Si quelqu'un se prépare à jouer, j'attends qu'il ait terminé.

Je tiens la boule avec ma main la plus habile et je l'appuie bien dans ma paume.

Je fais un premier pas en partant du pied opposé à la main qui tient la boule. Si je tiens la boule de la main droite, je pars du pied gauche. Si je tiens la boule de la main gauche, je pars du pied droit.

Je balance la boule et je la lâche en arrivant au début de l'allée. J'essaie de lancer la boule au milieu de l'allée.

Je m'assois et j'attends que ce soit de nouveau mon tour.

Je procède de la même façon à chaque fois que c'est mon tour de jouer.

Les quilles
Jason Nyhuis

J'entre dans la salle.

J'entends tomber les quilles.

Je choisis mes souliers de quilles et une allée.

Je choisis une boule de quilles qui convient à mes doigts.

Les gens applaudissent bruyamment.

Je me rends à la ligne de départ avec ma boule.

Je lance ma boule en essayant de frapper les quilles du milieu.

Si je fais tomber toutes les quilles, j'applaudis et je m'assois.

Si je n'ai pas fait tomber toutes les quilles, j'essaie une autre fois.

Au deuxième essai, j'essaie de faire tomber toutes les quilles qui sont encore debout.

Quand j'ai terminé mon tour, je m'assois et j'attends que ce soit de nouveau mon tour de jouer.

Comment jouer au mini-putt 174
Don Veltman

Beaucoup de personnes pensent que jouer au mini-putt est amusant.

Je pourrais jouer au mini-putt.

Les gens pensent qu'il est amusant de jouer au mini-putt en suivant les règles du jeu.

Je peux jouer au mini-putt en suivant les règles du jeu.

Premièrement, un homme ou une femme me donne un putter.

Ils me donnent aussi une balle et une carte de pointage.

Je me rends au premier trou.

Je pose la balle par terre.

Je frappe doucement la balle et j'essaie de la faire entrer dans le trou.

Je ne balance jamais mon putter trop loin derrière moi, car je pourrais frapper quelqu'un.

Quand j'ai frappé ma balle, j'attends que les personnes qui jouent avec moi aient aussi frappé leur balle.

Si ma balle n'est pas encore dans le trou, je la frappe de nouveau, là où elle se trouve.

Quand je l'ai entrée dans le trou, j'attends que les personnes qui jouent avec moi aient aussi mis leur balle dans le trou.

Quand nous avons terminé au premier trou, nous allons au second trou.

Il est préférable de jouer les trous dans l'ordre.

Je peux m'amuser beaucoup au mini-putt si je respecte les règles du jeu.

Le mini-putt

Ron Van Singel

Beaucoup de personnes pensent qu'il est amusant de jouer au mini-putt.

Le mini-putt est facile à apprendre.

Premièrement, un homme ou une femme me donne un putter, une balle de golf et une carte de pointage.

Je me rends au premier trou. Il est préférable de jouer le premier trou avant les autres trous.

Quand je suis rendu au premier trou, je pose ma balle par terre, sur le tapis spécial.

Je frappe la balle avec le putter dans la direction du trou.

J'attends que les personnes qui jouent avec moi aient frappé leur première balle.

Quand ils ont tous frappé leur balle, je frappe de nouveau ma balle.

Si je ne l'ai pas fait entrer dans le trou, j'attends le tour suivant.

Nous avons terminé ce trou quand tout le monde y a fait entrer sa balle.

J'écris sur ma carte de pointage le nombre de coups que j'ai joués au trou numéro un.

Je me rends au deuxième trou et je fais la même chose qu'au premier trou.

Je fais cela jusqu'à ce que j'aie joué les 18 trous.

Je rends mon putter et ma balle de golf à l'employé.

Voilà comment on joue au mini-putt.

Aller nager
Shellie Geurink

Parfois, je peux aller nager.

Beaucoup d'enfants vont nager toute l'année. La majorité vont nager en été.

Les enfants sourient quand ils vont nager. Ils sourient parce qu'ils ont du plaisir.

Quand je vais nager, il y a quelqu'un avec moi. Ça peut être ma mère ou mon père, ou quelqu'un que je connais vraiment bien. Ça peut être une personne différente à chaque fois.

Chaque fois que je vais dans l'eau, j'essaie de garder ma tête hors de l'eau le plus possible. Je fais cela pour pouvoir respirer.

Aller à la plage   177
Jen Brookins

Je peux aller à la plage avec ma famille ou avec mes amis. Parfois, je vais à la plage avec mes amis et ma famille.

Il y a beaucoup de choses que je peux faire à la plage. Je peux jouer à des jeux, aller nager, ou juste m'étendre au soleil pour bronzer.

Je m'assure que je ne gêne personne quand je joue à des jeux sur la plage. Je peux jouer à la tag ou lutter avec les autres. Je peux jouer à d'autres jeux aussi.

Je ne vais jamais seul dans l'eau. Je dis à quelqu'un que je vais me baigner ou j'emmène quelqu'un avec moi.

L'eau peut être froide ou elle peut être chaude.

Je suis prudent et je nage près du bord.

Quand j'ai fini de nager, je le dis à la personne qui nage avec moi. Je reviens sur la plage et je me sèche avec ma serviette. Je peux jouer encore ou m'asseoir sur ma serviette et me faire bronzer. Je dois toujours mettre une lotion pour le soleil.

Une journée à la plage

Sarah McGaughey

Parfois, l'été, quand il fait beau, je vais à la plage.

Je peux y aller avec ma famille, mes amis, ou les deux.

Je peux porter mon maillot de bain sous mes vêtements, ou je peux l'enfiler dans une cabine sur la plage.

Je dois apporter une serviette et de la lotion solaire.

Il y a beaucoup de sable sur la plage. La sensation du sable sous mes pieds est particulière.

Quand il y a du soleil, il y a beaucoup de monde sur la plage.

Je vois des gens allongés, qui prennent des bains de soleil.

Parfois je vois des enfants jouer au cerf-volant ou à d'autres jeux. Ils sourient parce qu'ils ont du plaisir.

Je peux voir l'eau aussi. Parfois, il y a des bateaux loin sur l'eau. Leurs voiles sont jolies contre le bleu du ciel.

J'étends ma serviette sur le sable.

Je mets de la lotion solaire sur ma peau pour que le soleil ne me brûle pas. Je peux m'allonger et prendre un bain de soleil. Le soleil est agréable et chaud.

Si j'ai trop chaud, je peux aller dans l'eau tant qu'on ne me dit pas que c'est devenu dangereux. Je peux demander « Puis-je aller nager ? » chaque fois que je veux aller dans l'eau. Si mes parents disent non, je ne dois pas aller dans l'eau. Si mes parents disent oui, je peux me préparer à aller nager. J'attends que quelqu'un puisse venir avec moi pour nager.

Généralement, les enfants nagent et barbotent dans les vagues. Ils rient parce que l'eau est froide.

Je nage toujours en compagnie de quelqu'un de mon groupe. On peut barboter dans l'eau peu profonde. Si nous sommes tous bons nageurs, nous pouvons tous nager.

Une excursion au parc
Cathy Frank

Aujourd'hui, maman et papa m'amènent en pique-nique dans le parc. Ma famille prépare la nourriture pour le pique-nique.

Le soleil est chaud sur ma peau.

Il peut y avoir d'autres enfants dans le parc. Ils peuvent demander pour jouer à des jeux.

D'autres enfants peuvent ne pas avoir envie de jouer. Je peux rester avec ma famille. Ma famille peut avoir envie de passer du temps avec moi. Ma famille et moi pouvons nous amuser ensemble dans le parc.

Faire des choses amusantes dans le parc me fait sourire. Je demande à retourner au parc bientôt.

Partir en pique-nique

Sarah Cain

Quand ma famille part en pique-nique, nous choisissons un jour où le soleil brille et où il fait chaud. Habituellement, nous restons à la maison si le temps est pluvieux. Nous pouvons demander à des amis ou de la parenté de venir avec nous.

Avant de partir en pique-nique, nous devons préparer de la nourriture dans un panier à pique-nique. Nous prendrons probablement des sandwiches, des chips, des fruits et des biscuits. Nous apportons des boissons gazeuses ou de la limonade. Pour chaque personne, nous prenons une assiette et un couvert.

Nous apportons une grande couverture pour nous asseoir. Quand nous arrivons dans le parc. Nous cherchons une table à pique-nique libre. Nous la nettoyons avec une serviette.

Si nous avons apporté une nappe, nous la mettons sur la table. Nous avons chacun notre assiette, nos couverts et de la nourriture. Quand nous avons fini nos sandwiches, nous prenons notre dessert.

Après avoir mangé, nous pouvons jouer à un jeu avec nos amis ou notre famille.

Les terrains de jeu ont des balançoires, des glissoires, un tourniquet, des trapèzes ou d'autres équipements pour grimper.

Certains parcs ont des terrains de tennis ou de basketball. Si nous avons nos raquettes de tennis ou notre ballon, nous pouvons jouer au tennis ou au basketball. Autrement, nous pouvons jouer au frizbee, faire une promenade ou nous étendre sous un arbre et faire une sieste.

Les parcs sont amusants et ils sont des endroits agréables pour les pique-niques.

Aller en traîneau
Todd Bigler

En hiver, les gens aiment aller en traîneau. Nous allons parfois glisser lorsqu'il y a de la neige.

Quand les gens vont glisser, ils utilisent un traîneau. Ils s'assoient sur le traîneau et glissent jusqu'au bas de la pente.

D'autres personnes vont aussi glisser. Nous devons faire attention à eux quand nous descendons la pente. Quand le traîneau s'arrête, nous nous levons, nous prenons notre traîneau et nous remontons la pente.

En remontant la pente, nous faisons attention à ceux qui la descendent en traîneau. Quand nous sommes arrivés en haut, nous nous installons sur le traîneau et nous redescendons.

Glisser en traîneau   182
Phil Zuber

Quand je vais glisser, il y a parfois d'autres personnes.

Les gens utilisent différentes sortes de traîneaux. Certains sont plus rapides et plus faciles à contrôler que d'autres.

Il est important d'être attentif à ceux qui descendent la pente afin de ne pas les heurter en marchant.

Beaucoup de gens sourient et s'amusent vraiment. Des personnes tombent dans la neige. Parfois, des gens s'assoient et regardent les autres glisser. D'autres sont debout et regardent les autres glisser.

Je remonte au sommet de la pente, je reprends mon traîneau et je redescends.

Le traîneau va vite et je reçois parfois de la neige dans la figure. Il est très important de garder les yeux ouverts pour voir les autres personnes qui glissent sur la pente.

Quand j'arrive en bas de la pente, je reprends mon traîneau et je remonte.

Aller à Disney World 183
Carrie Friesema

Je vais à Disney World.

Je vais voir beaucoup de monde à Disney World.

Je vais attendre dans une file d'attente pour donner mon billet à l'employé.

Je sais que je serai bientôt dans le parc.

Je verrai beaucoup d'enfants souriants.

Je devrai attendre en file pour tous les manèges que je veux utiliser. Je peux voir les autres personnes s'amuser dans les manèges.

J'attends que le préposé me donne mon tour.

Quand c'est mon tour, je m'assois et j'attends le départ.

Je sors du manège quand il est arrêté. Généralement, un préposé aide les gens à descendre du manège.

Nous nous rendons au manège suivant. Nous attendons en file pour le prochain tour.

Au parc Sea World
Chris Fleck

Souvent, je sors avec ma famille.

Nous avons du plaisir à regarder les paysages quand nous allons quelque part.

Parfois, nous allons au parc Sea World.

Je vois beaucoup d'animaux qui aiment nager.

Chacun a un animal favori. Certains aiment la grande baleine Shamoo, et d'autres préfèrent les dauphins.

Quand je vais quelque part avec ma famille, je reste près d'eux.

Je peux demander à voir les choses qui m'intéressent. Papa et maman disent parfois oui, parfois non.

Mes parents aiment quand j'écoute et que je suis les instructions au parc Sea World.

Je suis très heureux quand ma famille et moi allons au parc Sea World.

Rencontrer un nouvel employeur

Kelly Reagan

J'ai un nouvel emploi et un nouvel employeur.

Je suis un peu nerveux parce que je rencontre mon nouveau patron.

Je m'habille de manière à faire bonne impression.

Cela aidera mon nouvel employeur à voir combien je veux mon nouvel emploi.

Arriver à l'heure prouvera à mon nouveau patron qu'on peut compter sur moi.

Je peux même arriver un peu en avance et mon nouveau patron devrait l'apprécier.

Premier jour de travail   186
Sarah Cain

Quand j'arrive à mon premier jour de travail, je peux avoir une dizaine de minutes d'avance.

J'entrerai avec le sourire et en disant bonjour.

Pendant ma première journée de travail, il est possible qu'on me remette une carte de temps. Je dois y inscrire l'heure à laquelle je commence à travailler et l'heure à laquelle je finis de travailler. Je peux demander de l'aide si j'en ai besoin pour remplir cette carte.

Je dois remplir ces cartes à chaque jour que je travaille. Ainsi, mon patron saura combien d'heures j'ai travaillé et je pourrai être payé.

Mon patron me dira ce que j'ai à faire. Je dois l'écouter et apprendre ce que j'ai à faire. Je peux poser à mon patron toutes les questions que je veux à propos de mon travail.

Mon patron aimera que je travaille dur.

La pause au travail
Amy Lindrup

Avant de partir à ma pause, je poinçonne ma carte de temps.

J'ai parfois faim au moment de la pause. Alors, je prends une collation dans la salle de repos. Je nettoie toujours l'endroit où j'ai mangé.

D'autres jours, je n'ai pas faim, alors, je lis un journal ou une revue. Je surveille l'heure afin de ne pas être en retard.

Il y a plusieurs périodes où d'autres prennent leur pause en même temps que moi.

Quand nous prenons notre pause ensemble, nous bavardons de l'actualité, des événements du jour, des sports ou d'autres sujets qui nous intéressent.

Je suis très attentif à finir ma pause à la bonne heure.

Avant de retourner au travail, je vais aux toilettes et je me lave les mains.

Quand ma pause est terminée, je fais attention à mon affaire et je poinçonne de nouveau ma carte de temps.

Les amis

Kathy Grimes

Avoir beaucoup d'amis peut être très agréable.

On peut avoir plusieurs raisons pour avoir des amis. Une de ces raisons est qu'on a quelqu'un pour jouer avec nous. Les amis qui jouent ensemble ont du plaisir.

Il est bon d'avoir plus qu'un ami. Je peux ainsi jouer avec plusieurs amis en même temps. Nous jouons tous ensemble.

Parfois, un de mes amis s'absente de l'école. Il peut être malade ou en congé. Quand cela arrive, je m'amuse quand même avec les autres amis au terrain de jeux ou à l'école.

Quand un ami sonne à ma porte 189
Sarah Cain

Parfois les amis viennent chez nous.

Les amis frappent ou sonnent à la porte quand ils arrivent.

Je leur souhaite la bienvenue et je leur dis d'entrer.

Je les accueille avec un grand sourire.

Je leur demande d'entrer chez moi.

Quand ils sont entrés, nous décidons ce que nous allons faire.

Quand des amis arrivent chez moi   190

Holly Vandeburg

Les amis aiment se rendre visite.

Nos amis frappent ou sonnent à la porte.

Quand ils sonnent ou frappent à la porte, j'entrouvre la porte pour voir qui est là. Si c'est quelqu'un que je connais, j'ouvre la porte.

Je leur dis bonjour et je leur demande d'entrer. Je referme la porte quand ils sont entrés.

Comment demander à quelqu'un pour jouer

Amy Hoekstra

Quand la cloche sonne pour la récréation, je peux vouloir jouer seul. Je peux aussi vouloir jouer dehors avec quelqu'un.

Je peux me diriger vers la personne avec qui je veux jouer et lui dire : « Allô, mon nom est _____. Quel est ton nom ? » Si je connais déjà la personne, je n'ai pas besoin de lui dire mon nom ou de lui demander son nom.

Ensuite je peux dire : « Veux-tu jouer ? »

Je pourrais jouer avec cette personne à chaque récréation. Je pourrais demander à une nouvelle personne de jouer avec moi à chaque récréation.

Comment devenir l'ami de quelqu'un

Stacie Hobbs

Certaines personnes aiment avoir des amis.

Si je veux avoir des amis, je dois aussi être l'ami des autres.

Je fais des choses spéciales pour mes amis.

Je vais aider mes amis quand ils ont besoin d'aide.

Parfois, je serre dans mes bras mes amis.

Je partage mes jouets avec mes amis.

Parfois, j'invite mes amis chez moi.

Mes amis sont des personnes très spéciales pour moi.

Respecter les choses des autres 193
Lisa Wyma

Parfois, les gens ont des choses qui ne m'appartiennent pas.

Certaines personnes ont des jouets ou des livres avec lesquels ils aiment jouer.

Quand je vois les autres jouer avec leurs choses, je peux demander : « Est-ce que je peux jouer avec ça ? » S'ils disent : « Oui » ou « OK », je peux jouer avec ces choses. Ils peuvent aussi dire « Non ». Cela veut dire que je ne peux pas jouer avec leurs choses.

Si je suis en classe et que quelqu'un écrit avec un crayon ou lit un livre, je peux lui demander si je peux le partager avec lui.

Parfois, les gens me laisseront utiliser leurs choses si je leur demande gentiment. Parfois, ils doivent utiliser ces choses ; je devrai attendre pour les avoir.

Je m'entends bien avec les autres quand je leur demande d'utiliser leurs choses. Mes amis aiment que je leur demande de partager leurs choses.

Mes enseignants et mes parents aiment quand je demande la permission avant de prendre les affaires des autres.

Parfois, je peux me faire un ami si je demande à quelqu'un de partager ses affaires. Je peux aussi me faire un ami si je partage mes choses avec les autres. Les gens aiment que je sois poli.

Attendre son tour   194
Jeff Bodziak

Attendre son tour est amusant et c'est aussi très poli.

Si j'attends mon tour, je peux me faire des amis.

Mes parents et mes enseignants seront contents si j'attends mon tour.

Tout le monde doit avoir la chance de prendre son tour.

Quand les autres attendent leur tour, je peux rester tranquille et attendre moi aussi mon tour.

Quand j'attends mon tour, ça peut être plus amusant de jouer.

Peut-être que j'aimerais attendre mon tour.

Les façons
de saluer les gens
Amy Kovach

Il existe plusieurs façons de saluer les gens.

Le matin, je peux saluer quelqu'un seulement en disant :
« Bonjour ! »

Le soir, je peux dire : « Bonsoir ! »

Quel que soit le moment de la journée, je peux toujours dire :
« Bonjour, comment ça va ? » J'attends que les gens répondent
à ma question. Attendre la réponse des gens leur montre que je
fais attention à eux. Les gens se sentent appréciés quand je fais
attention à eux.

Cinq façons d'aborder les gens

Mike Carpenter

Quand j'aborde quelqu'un, je commence par dire : « Bonjour ! » Dire « Bonjour ! » est une très bonne manière de commencer une conversation.

Parfois, j'aborde quelqu'un en lui demandant comment il va. Je dis : « Comment allez-vous ? »

Une autre façon d'aborder les gens est de leur dire un compliment. Parfois je complimente les gens sur leurs vêtements ou sur leurs cheveux. Par exemple, je pourrais dire : « J'aime vos nouveaux souliers »

Si la personne ne m'a jamais rencontré, j'aime dire mon nom à la personne quand je la rencontre.

Parfois j'aborde une personne en lui parlant de la température. Je peux lui demander : « Que pensez-vous de la température que nous avons ? »

Cinq manières
de saluer quelqu'un
William Beebe

Les gens aiment que je les salue. Quand je vois quelqu'un le matin je peux lui dire : « Bonjour ! »

Parfois, quand je vois quelqu'un, je pourrais dire : « Allô ! »

Parfois, quand je vois quelqu'un, je pourrais dire : « Salut ! »

Quand je rencontre quelqu'un, je peux aussi demander :
« Comment ça va ? »

Dire « Merci » quand on reçoit un cadeau

Traci Hickman

Parfois, les gens me donnent des cadeaux.

Les gens donnent des cadeaux pour différentes raisons.

Des fois, ils me donnent des cadeaux pour mon anniversaire, pour Noël ou seulement pour le plaisir.

Quelle que soit la raison pour laquelle je reçois un cadeau, je peux dire « Merci ». De cette façon, les gens sauront que je suis content de recevoir un cadeau d'eux.

Dire des choses gentilles
Erika Broek

Quand je suis assis en classe, j'essaie d'être poli. Les enfants sont tranquilles quand l'enseignant parle.

Je devrais être gentil avec les autres élèves autour de moi. Si je leur dis des choses gentilles, ils penseront que je suis un bon ami.

Quand un élève me dit des choses gentilles, je me sens bien. Quand je dis moi aussi des choses gentilles à quelqu'un d'autre, il se sent bien lui aussi.

Je dois être certain de dire les bonnes choses gentilles au bon moment. Par exemple, je dois attendre qu'une personne ait fini de parler avant de parler à mon tour.

Écouter
Ross Vander Klok

Il existe de nombreux moments où je dois bien écouter.

Nous devons tous bien écouter à certains moments. Nous devons écouter de plusieurs façons.

J'écoute mon enseignant, mes parents ou mes amis quand ils me parlent. Je les écoute très attentivement et si je ne comprends pas je demande poliment de répéter ce qu'ils m'ont dit.

C'est important d'écouter quand les gens me disent quelque chose. C'est aussi très important d'écouter quand mes enseignants essaient de m'apprendre quelque chose de nouveau.

Quand j'écoute, j'essaie d'être tranquille et de ne pas parler. Pour parler, j'essaie d'attendre que la personne avec qui je parle ait fini de me dire ce qu'elle a à me dire.

Quand j'écoute, je pense à ce que la personne me dit.

Poser une question   201
Erika Broek

Parfois, j'ai des questions au sujet de certaines choses.

Je peux me poser des questions sur le travail à l'école ou seulement sur la vie.

Quand je pose des questions, j'essaie de parler juste assez fort pour que la personne m'entende.

Si je marmonne ou que je parle trop bas, la personne à qui je pose la question ne m'entendra pas.

Parfois, quand je pose une question, les gens ne me répondent pas. C'est peut-être parce qu'ils ne m'ont pas entendu.

C'est correct de poser des questions. Poser de nouvelles questions est mieux que de poser de vieilles questions auxquelles on a déjà répondu plusieurs fois.

S'il y a quelque chose que je ne connais pas, je peux poser une question et apprendre la réponse. Parfois, je peux ne pas aimer la réponse. Plusieurs personnes posent des questions dont elle n'aiment pas beaucoup les réponses. Parfois j'aimerai les réponses quand même.

Les questions sont importantes. Si on ne pose pas de questions, on n'aura pas de réponses. Et les réponses, qu'on les aime ou qu'on ne les aime pas, peuvent nous être utiles.

La colère

Carrie Vlastuin

Parfois, je suis en colère. Tout le monde peut être en colère à un moment ou l'autre.

Quand je suis en colère, j'essaie de respirer doucement. J'essaie de respirer profondément et lentement.

Ensuite, je vais trouver mon enseignant, maman, papa ou un autre adulte.

Quand je les ai rejoints, j'essaie de leur dire que je suis en colère. J'essaie de leur dire pourquoi je suis en colère.

Quand je leur parle, j'essaie de rester calme.

Ils me parleront de ce qui arrive et de ce que je ressens. Cela pourra m'aider à me sentir mieux.

Où que je sois, je peux essayer de trouver quelqu'un pour lui dire comment je me sens.

# Écrire un scénario social   203
Jonathan Pape

Un scénario social est une courte histoire sur ce que les gens font dans certaines situations.

Nous pouvons aussi écrire des scénarios sociaux pour exprimer ce que nous ressentons et ce que nous pensons.

Imaginons Jerry (un élève imaginaire) frapper Éric (un autre élève imaginaire) au bras. C'est dur.

Éric pourrait écrire un scénario social racontant à Jerry comment il se sent quand on le frappe au bras.

Voici un exemple de scénario social qu'Éric pourrait écrire à Jerry. « Jerry, tu ne devrais pas me frapper. Tu m'as frappé et j'étais fâché contre toi. Je n'aime pas me fâcher contre toi parce que tu es mon ami. S'il te plaît, essaie de retenir tes mains quand tu te sens contrarié. »

N'est-ce pas simple maintenant ?

Écrire est une façon de faire savoir aux autres comment tu te sens et ce que tu penses.

Parfois, c'est difficile de dire aux autres comment on se sent.

Peut-être pourrais-tu écrire pour laisser savoir aux autres ce que tu ressens.

Écrire est important pout tout le monde.

Les façons de montrer aux autres qu'on les aime

Angie Van Loozenoord

Quand les gens aiment les autres, ils aiment leur montrer leur amour.

Il existe différentes façon de montrer aux autres qu'on les aime.

Certaines personnes disent : « Je t'aime ». Certaines personnes montrent leur amour en envoyant une carte. D'autres personnes montrent leur amour par des gestes comme serrer une autre personne dans leurs bras, donner un baiser ou simplement en lui tenant la main.

Certaines personnes démontrent leur affection en donnant un cadeau. Parfois les gens envoient des fleurs ou écrivent des poèmes pour montrer aux autres qu'ils les aiment.

Il existe plusieurs façons de montrer aux autres qu'on les aime.

Pourquoi et comment je montre aux autres que je les aime   205
Angie Evers

Je peux dire : « Je t'aime » à maman et papa.

Je peux dire : « Je t'aime » aux autres personnes qui font partie de la famille.

Je peux dire : « Je t'aime » aux personnes qui sont spéciales pour moi.

Je peux faire un dessin pour dire aux autres que je les aime. Ma famille aimera sûrement les dessins que je ferai pour leur dire que je les aime.

Je peux sourire et regarder les gens pour leur montrer que je les aime.

Pour leur montrer que je les aime, je peux serrer dans mes bras les personnes que j'aime.

Quand et pourquoi les gens disent « Je t'aime »

Alison Wallace

Quand les gens disent « Je t'aime », cela signifie qu'ils ont de l'affection pour toi. Cela veut aussi dire qu'ils sont tes amis.

Il existe plusieurs manières de montrer à quelqu'un qu'on l'aime.

Une de ces manières est de l'embrasser ou de le serrer dans ses bras.

Une autre façon est d'envoyer des fleurs à quelqu'un.

Lui tenir les mains est une autre façon de montrer à quelqu'un que tu l'aimes.

Il existe plusieurs façons de montrer à quelqu'un que tu l'aimes.

Pourquoi et comment on serre quelqu'un dans ses bras

Joe Wilmer

Les gens serrent une autre personne dans leurs bras pour lui montrer qu'ils l'aiment.

Quand je serre une autre personne dans mes bras, je mets mes bras autour d'elle et je la serre doucement.

Pourquoi et comment les personnes se serrent dans leurs bras

Sarah Cain

Il existe plusieurs façons de serrer quelqu'un dans ses bras. On peut serrer quelqu'un dans ses bras fort, fort ou doucement.

Serrer quelqu'un dans ses bras lui montre que tu l'aimes.

Te faire serrer dans les bras d'une autre personne peut t'aider quand tu ne te sens pas bien. Ça peut t'aider quand tu ne te sens plus toi-même. Te faire serrer dans les bras d'une autre personne peut t'aider quand tu te sens triste ou que tu pleures.

Se faire serrer dans les bras est chaleureux. C'est spécial se faire serrer dans les bras.

Les parents, les amis, les enseignants, les frères et soeurs et même les grands-papas et les grands-mamans peuvent te serrer dans leurs bras.

Me faire serrer dans les bras veut dire que je suis correct.

www.ingramcontent.com/pod-product-compliance
Lightning Source LLC
Chambersburg PA
CBHW081107080526
44587CB00021B/3486